콩나물 김칫국

콩나물 김칫국

초판 1쇄 2015년 2월 16일

지은이 김정윤
발행인 김재홍
디자인 고은비, 박상아
교정·교열 안리라
마케팅 이연실

발행처 도서출판 지식공감
등록번호 제396-2012-000018호
주소 경기도 고양시 일산동구 견달산로225번길 112
전화 02-3141-2700
팩스 02-322-3089
홈페이지 www.bookdaum.com

ISBN 979-11-5622-075-6 23810

CIP제어번호 CIP2015003026
이 도서의 국립중앙도서관 출판시 도서목록(CIP)은 e-CIP 홈페이지(http://www.nl.go.kr/ecip)에서 이용하실 수 있습니다.

콩나물 김칫국

목차

작가의 말

나는 1958년에 한 시골 마을에서 태어났다.

어렸을 적부터 글쓰기를 좋아했고, 특히 소설이나 산문집 등 책 읽기를 유난히 좋아했다. 가장 존경했던 작가는 이미 고인이 되신 박완서 님. 그분의 책은 거의 빠짐없이 읽었을 정도이다.

작가의 꿈을 가지고 있었지만 가정환경이 좋지 못하여 꿈을 포기했던 나는, 식당을 하면서 힘든 인생을 경험하게 되었고 그러면서 성공도 했다.

1984년 2월 19일에 남편과 결혼해 30년 동안 결혼생활을 유지해오고 있고, 슬하에는 1남 1녀를 두고 있다.

남편 이야기는 몇 자 적었었지만 다시 생각하고 그냥 생략했다.

딸은 2년 전에 믿음직한 청년을 만나 결혼하였고, 아들은 아직 대학생이다.

이 글에 담긴 너무 솔직한 이야기들, 내 힘들었던 과거를 털어놓아 주위 사람들에게 불편함을 주는 것이 아닌가 염려도 되었지만, 사실과 진심은 묻어둔 채 가식적인 내용을 담고 싶지 않아 내 경험과 생각을 한 자 한 자 진솔하게 표현했다.

2014년, 지금까지의 내 삶은 이 책 안에 담겨있다. 앞으로 펼쳐질 또 다른 내 삶이 기다려진다.

2014년 11월 13일
김 정윤

1장

엄마

꿈

꿈을 꾸었다. 돌아가신 엄마가 뭔가 할 말이 있는 듯 입을 씰룩이며 날 지그시 바라본다.

한동안 그냥 그러고 계셨다.

난 “엄마” 하고 불렀던 것 같다.

유언 한 마디 못하고 가셔서 그런가. 꿈속에서도 말이 없으시다.

한 많은 이승을 떠나며 목소리 한 번 내지 못하셨다. 얼마나 하고 싶은 말이 많았을까. 막내 정미가 특히 가슴에 사무쳤겠지.

눈물이 쏟아진다.

그렇게 갑자기 엄마를 보내고 한동안 많이 힘들었다.

지독하게도 모진 삶을 살다 가신 엄마.

자식이라는 질긴 끄나풀이 없었다면 이생에 미련 따

위는 없었을 거라는 엄마.

그 고된 삶이 그렇게 끝났다. 목에 휑하니 뚫려있는 구멍 때문에 잘 지내라는 말 한마디, 사랑한다는 말 한마디 하지 못하고 떠나셨다.

억지로 누르고 있는 그리움이 어쩌다 문득 떠오를 때 말고는 안정을 찾아가고 있는데.

또다시 먹먹해진다.

좀 더 잘해드리지 못한 후회에 가슴이 에인다.

언젠가 우리 가족이 끼니를 걱정하지 않아도 되는 시절이 온 후부터, 엄마는 당신의 지난 삶을 회상하셨다.

"그땐 그랬지……."라며 담담하게 말씀했지만, 나는 다 기억하고 있었다.

한 여자가 살기 위해, 살아남기 위해 어떻게 그 거친 인생을 헤쳐 나갔는지.

그리고 엄마의 그 모진 삶 속에는 나도 있었다.

맏딸.

두 어린 동생들은 기억하지 못하겠지만. 거친 삶의 폭풍우 속에서 엄마와 나는 함께 걸었다.

갱년기를 겪으며 좀처럼 잠을 이루지 못하다 잠깐 눈

을 감았는데, 그사이 엄마가 또 나타났다. 아직 이승에 미련이 있으신 건지, 나에게 하고 싶은 말이 있는 건지. 그립고 보고 싶다.

엄마의 죽음

특별히 지병이 있던 건 아니었지만 늘 약으로 지내셔야 할 만큼 기력이 없었던 엄마의 건강은, 어느 날 갑자기 안 좋아졌다. 그러고는 6개월 후, 돌아가셨다.

어느 날 아침, 올케로부터 전화가 걸려왔다.

"형님, 어머님이 편찮으세요. 어서 병원으로 오세요."

올케의 다급한 목소리에 놀라 병원으로 달려갔다. 엄마는 이따금씩 몸이 많이 편찮으실 때에는 병원에서 몇 주간 입원치료를 받고 퇴원하시고는 했던 터라, 이번에도 심각한 상황은 아닐 거라는 예상을 하며 병원에 도착했다.

병실에 누워계신 엄마의 모습은 생각보다 편안해 보였다.

"엄마, 괜찮으슈? 어디가 아픈 거야."

내가 묻자 엄마는,

"갑자기 기력이 뚝 떨어지고 일어날 스가 없는 거 아니냐. 여기 와서 주사 맞고 쉬니 좀 나아졌다. 며칠 더 쉬면서 치료받고 가야지."라며 몸을 일으켜 앉으셨다.

"어머님이 아침에 갑자기 오한이 오셨는지 몸을 벌벌 떠시더라고요. 이제는 괜찮아지셨어요. 며칠 입원해 계셨다가, 퇴원하시면 된다고 해요."

먼저 병실에 와있던 올케가 말했다.

예상했던 대로 며칠 지나 엄마는 건강을 회복하셨고, 담당의는 다음 날 아침이 되면 퇴원하라고 했다.

당시 엄마 곁에는 이전부터 몇 해 동안 엄마와 함께 살며 엄마를 돌보시던 간병 아주머니가 있었다. 병원에 입원하셨을 때에도 엄마 곁에서 24시간 간병을 하셨기 때문에, 나를 비롯한 우리 남매들은 집과 병원을 오가며 엄마를 돌봐드릴 수 있었다. 이제 다 회복되셨다는 말을 들은 그날에도 우리는 저녁 늦은 시간이 되어 병원을 나섰다.

"엄마, 이제 집에서 봬요."

"그래, 들어가라."

우리가 떠난 후, 간병 아주머니는 엄마의 옷가지 등 소지품들을 챙기며 퇴원 준비를 하셨다. 며칠간 종일 병원에만 계시다가 드디어 집에 돌아간다는 사실에 기뻐셨던 엄마는 아주머니가 잠깐 화장실에 간 사이, 몸을 일으켜 침대에 앉으셨다. 한동안 움직이지도 못하고 침대에 누워만 있었으니, 다리운동을 하고자 생각하셨던 것이다. 엄마는 설레는 마음으로 침대의 끝에 걸터앉아 무거워진 몸을 서서히 일으켰다. 그리고 바닥에 발을 디디며 일어서려는 순간, 두 다리의 힘이 풀리면서 엄마는 그대로 바닥에 쓰러지고 말았다. 그런데 그 순간 침대 옆에 놓여있던 냉장고에 머리를 세게 부딪치고 만 것이다.

건강이 회복되어 이제 퇴원만 하면 되던 찰나에, 엄마는 다시 병원 신세를 지게 되었다. 그리고 그때부터 엄마의 건강은 급속도로 악화되었다. 머리에 피가 고이는 바람에 전신마취를 해 피를 빼내는 수술을 두 번이나 해야 했고, 입으로 연결했던 산소 호흡기가 목을 계속 눌러 이제는 목에 구멍을 뚫어 직접 연결해야 하는 지경이 되었다. 퇴원을 하루 앞뒀던 엄마는, 불과 며칠

만에 결국 중환자실로 옮기시게 되었다.

중환자실에 들어가신 후 돌아가시기 전까지 하루에 두 번만 허락되는 면회 시간에 엄마를 볼 때면, 엄마의 건강이 하루가 다르게 악화되고 있다는 것이 눈에 보였다. 게다가 목에 구멍을 내야 했던 탓에 엄마는 우리를 보고도 말 한 마디를 하지 못하셨고, 며칠 지나서는 의식도 못 차리는 상황이 되어버리고 말았다. 나는 차가운 중환자실 침대 위에서 온몸에 의료 기기를 연결한 채 눈을 감고 누워있는 엄마에게 계속 말을 걸었다.

"엄마, 조금만 참아. 여기서 곧 나갈 거야, 알았지? 조금만 참아. 좋아지고 있어."

면회를 할 때마다 엄마는 의식이 없었다. 나와 동생들은 그런 엄마를 향해 계속해서 말을 걸었다. 눈은 감고 계시지만, 우리 목소리를 들으실 것 같았다. 그것도 아니라면 우리 목소리를 듣고 잃어가는 정신을 다시 찾으시길 바랐다.

어느 날에는 눈을 감고 있던 엄마가 갑자기 얼굴을 일그러뜨리더니 울음을 터뜨렸다.

"엄마! 엄마, 내 말 들려?"

곁에 있던 우리는 놀라서 엄마에게 말했다. 엄마는 우리의 말을 듣고 계신 건지 아닌 건지, 눈을 꾹 감은 채 너무나 고통스럽고 슬픈 표정으로 계속 울고만 계셨다.

'얼마나 괴로우실까…… 얼마나 고통스러우실까!'

그런 엄마를 볼 때면 가슴이 찢어지는 듯 아팠다. 그 차디찬 중환자실 침대를 떠나 따뜻한 집으로 하루빨리 모셔오고 싶다는 생각이 간절했다.

엄마의 배는 늘 복수가 찬 것처럼 불뚝 나와 있었는데 그것을 본 외삼촌은 나를 향해, "네 엄마는 틀렸다, 틀렸어. 마음 단단히 먹어라."라고 말씀하시며 눈물을 흘리셨다. 나와 동생들은 외삼촌의 손을 잡고 서서 한참을 울었다.

돌아가시기 직전까지 엄마는 너무나 고통스러워 하셨다. 의식을 차리지 못한 채 눈을 감고 누워 있는 엄마의 얼굴은 일그러져 있었으며 몸은 바르르 떨렸다. 온몸은 퉁퉁 부었고 배도 점점 더 부어올라왔다.

결국 이 생의 끈을 놓으신 순간, 엄마의 핏기 없는 얼굴이 아직도 눈앞에 선하다. 이제는 고통스러운 이승을 떠나 편안한 곳에 계실 엄마. 목에 구멍을 뚫는 바람에 자식들에게 유언 한 마디 못하고 가신 불쌍한 엄마. 끝내 가시는 순간까지 중환자실에서 고통과 싸우며 이승의 마지막 순간을 보내신 엄마를 생각하면 아직도 견딜 수 없을 만큼 가슴이 미어진다.

5일장

지금 살고 있는 아파트는 단지가 커서 일주일에 한 번씩 장이 선다.

예전에는 물건도 좋고 저렴한 편이어서 매주 장이 설 때면 곡류에서부터 야채, 과일, 생선 등 양손 가득 장을 보곤 했는데, 언젠가부터 점점 비싸지는 것 같다. 그래도 오전에 장 선 곳을 한 바퀴 휭 돌아보는 것도 나름의 재미가 있어 꾸준히 다니긴 한다.

길게 늘어선 장에서 한자리씩 차지하고 준비해온 물건을 팔고 있는 장사꾼들은 저마다 개성이 다르다.

박수를 치며 능숙하게 사람들의 이목을 끄는 아줌마도 있고, 고개를 숙인 채 묵묵히 타코야키를 굽는 아저씨도 보인다. 한쪽 코너에는 20대 중반에서 30대 초반으로 보이는 청년들 서너 명이 각종 곡류를 팔고 있는데, 어찌나 넉살도 좋고 에너지가 넘치는지, 그곳에서 곡류를 살 때면 나까지 기분이 좋아지곤 한다.

"젊은 청년들이 참 대단하고, 대견하네요. 이렇게 열심히 사는 거 보니 금방 성공하겠네!"

나는 가끔 그들에게 미소 지으며 격려의 말을 건넨다.

그렇게 한 바퀴 장을 돌아보고 나면 옛날 생각이 난다.

아버지 없이 홀로 모든 생계를 책임져야 했던 엄마는 5일장을 따라다니며 장사를 하셨다. 5일에 한 번씩 집에 오시는 엄마는, 방에 누워 하루 이틀간 끙끙 앓다가 다시 장사를 하러 나가시곤 했다.

엄마가 집을 나설 때면 남동생은 언제나 울며불며 기차역까지 쫓아나갔고, 엄마는 그런 남동생을 향해 집으로 돌아가라며 모진 얼굴로 소리를 지르셨다.

"이놈의 새끼, 얼른 집으로 안 돌아갈래!"

난 세 살배기 막내 여동생을 둘러업다시피 하고는, "엄마는 일하러 가셔야지! 우린 어서 돌아가자."라며 남동생을 이끌고 집으로 돌아왔다. 동생은 집에 돌아와서도 엄마를 놓친 게 끝내 분했던지 한참을 끅끅거렸다.

엄마가 장을 따라다니는 동안 나는 어린 동생들을 돌보며 집안 살림을 해야 했다.

그때 내 나이 열 살이었다.

당시 우리 집은 방이 세 칸이었는데, 그중 가운데 방 한 칸만 우리가 쓰고 나머지 두 칸은 세를 주었다. 한 칸에는 어린 신혼부부가, 다른 한 칸에는 얼굴에 곰보가 핀 아줌마 부부와 아이 한 명이 살았는데, 그 곰보 아줌마는 내가 학교에 가 있는 동안 막내 동생을 돌봐주었다. 아이를 키우는 엄마여서인지, 내 동생도 잘 보살펴주었던 것 같다.

"5일 만에 집에 돌아오면 정말 집은 가관이었단다."

엄마는 종종 그때를 회상하셨다.

"태워먹은 냄비에 잔뜩 쌓여있는 그릇들. 그 어린 네가 학교 다니면서 어린 동생들 밥해주고 돌봐줘야 했으니 집안 꼴이 어땠겠니."

정말 까마득한 옛날일이다. 그렇게 한동안 엄마는 5일장을 다니시며 우리 네 식구 생활비를 벌었고, 나는 그런 엄마의 빈자리를 대신했다.

그러던 어느 날, 여느 때처럼 부엌에서 동생들과 먹을 저녁밥을 짓고 있는데, 며칠 전 장사 나간 엄마가 5일을 다 채우지 않고 집에 일찍 돌아오셨다.

하얗게 질려 방에 들어오자마자 쓰러진 엄마는 그대로 앓아누우셨다. 엄마의 증세가 평소보다 더 심각하다 생각한 나는 집 근처 시장에서 옷 가게를 하시는 막내 외삼촌에게 달려갔다.

"외삼촌, 엄마가 쓰러졌어요. 많이 아프신 거 같아요. 도와주세요."

"어서 가보자. 네 아비한테도 연락해라."

외삼촌은 황급히 엄마를 병원으로 데려가셨고, 의사는 바로 수술하지 않으면 목숨이 위태롭다고 말했다. 엄마를 죽음 직전까지 몰고 간 것은 자궁 밖 임신이었다. 당시에는 몰랐는데 지금 돌이켜보니 그렇게 본인을 고생만 시키고 우리 모두를 힘들게 했던 아버지가 그리 싫지만은 않으셨나 보다.

워낙 시급한 상황이라 외삼촌의 서명으로 엄마는 수술실로 들어갔고, 다행히도 수술은 성공적이었다.

그날 병실로 옮겨진 엄마를 부둥켜안고 얼마나 울었는지 모른다. 언제 오셨는지, 아버지는 엄마의 발끝 쪽에 서서 울고 있는 우리를 쳐다보고 계셨다.

"엄마, 죽지 않아서 정말 다행이야. 다시는 아프지 마, 내가 더 잘할게."

나는 울면서 말했다.

아직 말할 기운이 없으셨는지, 엄마는 한동안 그저 울기만 하셨다.

한참 후 겨우 입을 떼신 엄마.

"내가 너희를 두고 어떻게 죽니. 나 죽으면 내 새끼들은 어쩌라고……."

엄마는 나와 동생들을 바라보며 말씀하셨다.

엄마는 며칠 후 퇴원해 집으로 오셨다. 건강은 많이 회복되었지만, 더 이상 5일장 장사는 나가기 힘들었기 때문에 새로운 일거리를 구하러 다니셨다. 우리 네 식구가 근근이 먹고 살 수 있었던 엄마의 5일장 장사는 그렇게 끝이 났다.

40여 년이 지난 지금, 매주 우리 아파트 단지에 들어서는 장을 볼 때면 그때 생각이 난다. 아침부터 잔뜩 준비해 온 물건들을 파느라 열심인 장사꾼들은 각각 무슨 사연이 있을지, 그리고 그렇게 열심히 살다 보면 언젠가는 웃으며 그날을 회상하는 때가 오겠지, 라는 생각을 하며 그들의 삶을 조용히 응원한다.

시골 농사

내가 중학교 2학년이 되던 해, 우리 가족은 시골에 계신 할머니 댁으로 들어가 살기 시작했다. 처음에 할머니는 우리를 달가워하지 않으셨다.

이미 아버지는 다른 집 살림을 차려 애도 낳고 살고 있으니, 어찌 보면 우리와 함께 지내는 게 이상한 일이긴 했을 거다.

특히 우리 엄마에게는 지독한 시집살이를 시키셨다. 별거 아닌 일로도 생트집을 잡으며 엄마를 괴롭히셨고, 엄마 하는 행동 모두가 사사건건 늘 불만이셨다.

하지만 죽을 고비를 몇 번이나 넘긴 우리 엄마에게 할머니의 구박이 대수였겠나. 그렇게 괴롭힘을 당하면서도 엄마는 최선을 다해 할머니를 모셨고, 막내 고모가 올 때면 지극정성을 다해 음식을 차리고는 또 이것저것 챙겨 보내시던 기억이 난다.

주위 사람들은 남편을 뺏기고도 시어머니에게 저렇게 잘하는 며느리가 있을 수 있냐며, 효부 상을 줘야 한다고 칭찬을 아끼지 않았다.

그렇게 우리 엄마는 할머니를 극진히 모셨다.

결국 그 정성은 할머니의 마음을 움직였다. 점점 엄마에게 마음을 열기 시작하시더니 나중에는, "어미야, 이제 너 없이는 못살겠구나."라는 말씀까지 하셨다.

사실 처음에는 엄마 없이 나와 동생 둘만 들어가 살았다.

당시만 해도 할머니 댁에는 작은아버지 내외가 함께 살고 계셨으니 우리는 몰라도 엄마까지 들어가서 살 수 있는 상황이 아니었기 때문이다. 나는 작은집에 피를 끼치고 싶지 않아 밥도 할머니 방 한 켠에 달린 부엌에서 따로 해먹었다.

우리를 그곳에 맡기고 한동안 홀로 지내셨던 엄마는 외삼촌과 함께 아버지를 찾아가, 시골 땅을 한자리 팔아 작은아버지에게 새로 집을 구해주도록 설득했고, 아버지는 그 뜻을 선뜻 받아들였다. 얼마 후 작은집 식구가 시골집을 떠나자, 마침내 엄마도 집으로 들어와 우리와 함께 살게 된 것이다.

"정윤아, 이제 엄마와 함께 살자. 우리 네 식구 이제 정말 떨어지지 말고 함께 살자꾸나."

엄마가 시골집으로 들어오시던 그날, 우리 모녀는 서로 부둥켜안고 한참을 울었다.

우리가 살던 동네는 참 정겨운 분위기의 마을이었다.

집 뒤에 산이 있었는데, 산을 중심으로 집들이 동그랗게 빙 둘러져있었다. 몇 가구 안 되는 동네 사람들은 하나같이 인심이 좋아, 제사를 지낼 때면 동네 사람들이 모두 먹을 만큼의 제삿밥을 해 집집마다 나누어주곤 했다. 또 어느 한 집에 좋은 일이 생기면 동네잔치가 벌어졌다. 특히 뒷동산에서는 가끔 미꾸라지를 넣고 맵게 끓이는 국수털레기를 만들었는데, 그때마다 온 동네 사람들이 함께 모여 먹곤 했다.

나는 친구들과 뒷산에 자주 올라가 놀았다. 예쁜 나무들이 자라던, 꽤나 운치가 있었던 곳이었다.

당시 엄마는 농사일을 하며 생활비를 마련하셨다. 여자 혼자 농사를 짓는다는 게 정말 힘든 일이지만, 그래도 그전의 삶에 비하면 훨씬 편한 마음으로 지내실 수 있었던 것 같다. 매년 농사지은 쌀을 서울 아버지 집에도 두어 가마씩 보내주시기까지 했다.

언젠가 엄마는 나와 함께 마당에 앉아 추수한 콩을 고르며 내게 말씀하셨다.

농사를 짓는 일이 고되긴 하지만, 지금껏 살아왔던 삶에 비하면 이보다 더 행복할 수는 없다고. 지금 당신의 삶에서 가장 행복한 순간을 보내고 있노라고.

음식 장사

그랬던 시골에서의 삶은, 시간이 지날수록 점점 힘겨워지기 시작했다. 경제적인 문제였다. 어느 날 엄마는 회사에서 막 퇴근해 들어온 나를 앉혀놓고 문득 이런 제안을 하셨다.

"여자의 몸으로 혼자 농사를 짓다 보니 새새로 드는 인건비에 남는 건 없고 빚만 늘어가는데, 일산에 나가서 식당을 한번 해보면 어떨까?"

엄마의 음식 솜씨는 워낙 좋으니 뜬금없는 말은 아니었지만, 할머니가 과연 허락하실지가 걱정이었다.

"할머니가 허락하실까?"

내가 묻자 엄마는, "처음에는 반대하시겠지만 잘 설득해봐야지. 네 할머니도 우리 살림이 점점 힘들어지는 걸 알고 계시니, 잘 말씀드리면 찬성하실지도 몰라."

라고 대답하셨다. 혼자서 꽤 오래 고민하신 후 내게 제안하신 듯했다.

다음 날 아침상에서 나와 엄마는 할머니에게 우리 생각을 말씀드렸다. 예상대로 할머니는 노발대발하셨다.

"큰일 날 소리 한다! 음식 장사가 쉬운 일인 줄 아냐? 여기서 농사나 열심히 지으며 살 생각 하거라."

엄마와 나는 그런 할머니에게 한참 동안 자초지종을 설명했다. 농사지어봤자 살림이 나아지기는커녕 제자리걸음도 못하고 있으니 미래를 위해 보다 생산적인 일을 해야 한다며 할머니를 설득했다.

가만히 우리 이야기를 들으시던 할머니는 , "그럼, 어디 한번 계획한 대로 해봐라."라며 끝내 허락하셨다.

그날부터 엄마와 나는 머리를 맞대고 어떤 음식 장사를 할지 고민했다. 이것저것 만들어보기도 하고, 더 좋은 맛을 내기 위해 연구를 하던 끝에 드디어 한 가지 메뉴를 정했다.

우리는 곧 시골의 땅 일부를 팔아 일산시장 안에 점포를 얻어 개업을 했다. 가게는 탁자 서너 개만 들어갈 수 있는 작은 규모였고, 필요한 모든 가구와 집기들은 내가 쉬는 날 홍은동 중고시장을 뒤지고 다녀 마련했다.

가게는 초반부터 성공적이었다. 손님들마다 너무 잘 먹었다며 좋아했고 단골손님도 점점 늘어났다.

입소문도 금방 나, 가게 밖에는 늘 줄이 길게 서있을 정도로 바빠졌다.

일손이 도저히 부족한 상황이 오자, 나는 다니던 직장을 그만두고 엄마를 돕기 시작했다. 쟁반을 머리에 이고 배달도 다니고, 주방 일에서부터 서빙까지 가리지 않고 열심히 일했다.

오죽하면 그 당시 내 별명이 또순이였을까.

처녀의 몸으로 이 일 저 일 가리지 않고 열심히 하는 모습에 우리 가게를 찾아오시는 손님 몇 분이 지어준 별명이다.

그렇게 엄마와 나 단둘이 운영했던 가게는 점점 큰 곳으로 이전해가면서 승승장구했고, 직원 수도 점차 늘어갔다.

그러나 우리 가족의 평탄한 삶을 누군가 방해라도 하는지, 이번에는 생각지도 못한 일이 생겼다.

일산에 가게를 차리면서 우리는 할머니와 함께 가게 근처로 이사를 나왔는데, 처음에는 정정하셔서 살림을 도와주시곤 했던 할머니가 얼마 지나지 않아 치매에 걸리고 만 것이다.

가게에서 일을 하던 엄마와 나, 그리고 고등학생이었던 여동생(당시 남동생은 군 생활 중이었다), 우리 셋은 번갈아가면서 집을 오가며 할머니를 돌봤다.

가게에서 일을 하다가도, 하루에도 열두 번씩 할머니 때문에 놀라 집으로 뛰어 들어가곤 했을 정도로 할머니의 증상은 날이 갈수록 점점 심해져 갔다.

우리를 못 알아보고 소리를 치시는 것은 물론이고, 대소변을 가리지 못하고 집 안 여기저기에 뭉개 놓거나 부엌에서 빈 솥 아궁이에 불을 질러놓는 등 할머니는 온갖 치매 행동들로 우리를 힘들게 하셨다.

한 일 년을 그렇게 지냈을까, 지칠 대로 지친 엄마는 할머니를 가게 옆에 달린 방으로 모셔왔다. 장사를 하다가도 열댓 번씩 집으로 뛰어 들어가야 하니, 너무 힘이 드는 터라 할머니를 아예 곁으로 모셔다가 늘 돌보기 위함이었다.

결국 할머니는 그 방에서 한 5개월 정도 사시다가 돌아가셨다.

할머니의 치매로 인해 우리 가족은 또 다른 수난을 겪었지만, 당시에 시골집을 떠나 음식 장사를 시작했던 엄마의 결정은 그 후 엄마의 삶을 점점 평탄하고 넉넉하게 만든 탁월한 선택이었다.

지독하게 가난했던 시절을 이겨낸 후 나와 함께 음식점을 시작한 엄마는, 내가 결혼한 후에는 남동생과 함께 가게를 운영해 오셨다. 남동생 역시 주방 일부터 배달 일까지, 가게의 어떤 일도 가리지 않고 열심히 하며 엄마를 도왔고, 그러던 중 참한 아가씨 만나 결혼도 했다.

첫 시작은 비록 10평 남짓의 작은 구모였지만, 엄마의 식당은 해가 지날수록 승승장구했고 30년이 지난 지금은 지역에서 가장 유명한 대형 음식점 중 하나로 성장했다. 수많은 매체에서 가게를 취재해 갔으며, 엄마는 TV프로그램에서 섭외 요청이 올 때마다 출연하여 가게 홍보에 전력을 다하셨다. 연세가 드신 후에는 체력적으로 너무 힘들어 하시면서도, 온종일 진행되는 방송 촬영을 모두 해내셨다.

모든 일에 항상 최선을 다하셨던 엄마는, 그렇게 자신의 삶을 점점 가꾸어나가셨다.

엄마의 흔적

엄마의 삼우제를 치르고 며칠 뒤, 올케가 점심이나 하자며 여동생과 나를 불렀다. 분위기가 좋은 고즈넉한 식당에서 우리 셋은 마주앉았다.

삼우제 날 여동생과 올케 사이에 약간의 충돌이 있었기에 우리 분위기는 조금 어색했다.

곧 주문한 음식이 나와 우리는 식사를 시작했다. 그러던 중 올케는 우리에게 봉투 하나씩을 쓱 내어밀었다.

"제 마음이에요. 받아주세요."

"뭔데 그래?"

나는 봉투를 받아 열어 보았다. 그 안에는 천만 원짜리 수표 한 장이 들어있었다.

"이게 뭔가?"

나는 올케를 바라보며 물었다.

"어머님 삼우제 날, 아가씨하고 그렇게 헤어진 후 집에 돌아가 가만히 생각해보니 그냥 있으면 안 될 것 같더라고요."

올케가 대답했다.

"성당에서 신부님이 하시는 말씀을 듣다 보니, 제가 마음을 쓰는 게 제 마음도 좋을 것 같고요."

올케의 대답을 들은 나는 되물었다.

"무슨 소리야. 그럼 이 돈이 엄마의 유산이란 말인가?"

"네, 형님. 넣어두세요. 아가씨두요."

올케의 말에 여동생은, "고마워요, 언니."라며 돈 봉투를 가방에 넣었다. 나는 이러지도 저러지도 못한 채 잠시 망설였다.

그 후 대화는 다른 주제로 넘어갔지만, 내 머릿속은 계속 혼란스러웠다. 남동생도 없는 자리에서 올케에게 받은 천만 원. 엄마의 유산이라 이름 지어진 그 돈 봉투. 나는 당혹감을 감출 수가 없었다.

그렇게 얼마의 시간이 흘렀을까. 나는 올케에게 다시

봉투를 내밀며, "난 됐으니까, 엄마 기도비로나 쓰도록 하게."라고 말했다.

"아녜요, 형님. 제 마음이에요. 이래야 제 마음이 편할 것 같아요."

"아니야, 기도비로 쓰라니까."

두세 번 그렇게 옥신각신 한 끝에, 난 결국 봉투를 가방 안에 넣었다.

"어쨌든 고맙네."

올케는 미소로 답했다. 점심식사를 마치고, 우리는 헤어졌다.

집으로 돌아오는 내내 가슴이 쿵쾅거렸다. 어쩔 수 없는 상황에 일단 봉투를 받긴 했지만, 그 불편함은 이루 말할 수가 없을 정도였다.

'젊은 시절 고생만하시다 결국 성공을 이뤄낸 자수성가 우리 엄마가 딸들에게 남기고 간 유산은 이렇게 천만 원이 되었구나.'

엄마의 유산으로 주어진 천만 원이 든 봉투. 나는 이러지도, 저러지도 못한 채 그 돈을 가방 속에 그냥 두었다. 그리고 그 채로 4개월을 보냈다.

엄마 삼우제 날 여동생이 올케에게 무언가 말을 했을 때, 난 방관자가 되었었다. 나 역시 엄마 살아계실 때 엄마로부터 수도 없이 들었던 이야기였다. 그렇지만 어찌 그 자리에서 거들 수 있었겠는가. 엄마가 돌아가신 후, 나는 무엇보다 맏딸인 내가 중심을 지켜서 우리 남매들 서로 잘 지내고픈 마음이 더 간절했다. 그래서 그 자리에서 난 입을 다물었었다.

돌아가신 엄마가 우리에게 바라는 것이 무엇인지를 나는 잘 알고 있으니까.

어쨌든 그날 나의 자존심, 그리고 돌아가신 우리 엄마가 남긴 삶의 흔적은 초라함과 함께 묵사발이 되었다.

2장

아버지

기억

내 삶에서 아버지에 대한 기억은 거의 없다.

아주 어렸을 때 엄마와 헤어지신 후 새살림을 차린 아버지는 우리 집엔 어쩌다 한 번씩 들르셨는데, 그냥 우두커니 앉아 우리 삼 남매를 지켜보다가 별말 없이 돌아가시곤 했던 것 같다.

막내 여동생이 두 살 되던 해였던가. 나는 동생을 데리고 병원으로 가 당시 유행하던 마마라는 병의 예방 접종을 맞혔다. 그런데 그만 그것이 덧나는 바람에 여동생은 밤새 한숨도 안 자고 보챘다. 엄마는 5일장 장사를 나가셔서 집에 없었고, 나 혼자 아이를 등에 업고 어르다 보니 어느덧 새벽이 되었다. 그날, 무슨 일인지 아침 일찍 아버지가 집에 오셨다.

아버지는 웅크리고 앉아, 막내 동생을 등에 업어 달

래고 있는 나를 망연히 쳐다보셨다. 아무리 냉정한 분이라지만, 울며 보채는 아이를 업고 서서 밤새 흔들어 대고 있는 어린 딸의 모습을 보는 마음이 어땠을까.

난 아버지의 얼굴을 얼른 훔쳐봤다. 아버지가 무슨 생각을 하고 있는지 궁금했다.

"아버지, 아기가 밤새 울더니 이제 잠들었네요. 편하게 앉으세요."

나는 아버지께 말했다.

"네 엄마는 언제 집에 온다더냐?"

아버지가 무뚝뚝하게 물었다.

"내일이 엄마 오시는 날이긴 한데 잘 모르겠어요."

"그래, 알았다."

아버지는 조금 앉아있다가는 곧 일어나 나가셨다. 그 어린 나이에도 나는, '아버지가 우리에게 얼마나 미안할까.'라는 생각을 했다.

이문동 아버지 집

내가 막 11살이 되었을 때, 건강 악화로 더 이상 5일장을 못 나가시게 된 엄마는 간간이 근처 양조장을 하는 집에 물을 길어 나르는 일을 하셨다.

그러나 얼마 안 되어 다시 몸져누우셨고, 지칠 대로 지친 엄마는 더 이상 아무 일도 할 수 없는 지경이 되었다.

누워계신 엄마를 간호하던 나는, 문득 아버지 생각을 하게 되었다.

"엄마, 기다려 봐. 나 아버지 집에 다녀와 볼게."

"거긴 왜. 그 먼 곳을 어찌 가려고."

"걱정 말아요. 끓인 밥 먹는 거 지겨워. 엄마 약값도 필요하잖아?"

그때 우리는 찬밥 한 덩어리의 양을 늘리기 위해 물

을 잔뜩 붓고 끓여, 죽 아닌 죽을 먹고 며칠을 지낼 때였다. 이웃집에 쌀을 꾸러 다니던 그 시절, 엄마까지 몸져누워 있었으니 생활이 말이 아니었다.

당장 끼니가 걱정이었던 나는 아버지를 찾아가기 위해 집을 나섰다.

이미 다른 여자와 결혼해서 아이까지 몇 낳아 살고 있는 건 이미 알지만, 우리도 자식인데 모른 체하시진 않을 거라 생각했다.

아버지의 집은 서울 이문동이었다. 버스를 갈아타고, 한참을 걸어 집에 도착했다. 막상 아버지 집 대문 앞에 서니까 가슴이 떨려왔다.

'아버지의 새 식구들과 마주치면 어쩌지? 괜히 먼 길을 왔나?'

이런저런 생각에 한참을 서있던 나는 집에서 기다리는 어린 동생들과 몸져누워 계신 엄마를 떠올리며 다시 마음을 다잡고 문을 '콩콩', 작게 두드렸다.

"계세요?"

아무 대답이 없었다. 나는 좀 더 세게 문을 두드렸다.

"아버지 안 계세요? 저 정윤이에요. 문 좀 열어주세

요.”

철컥.

문이 열리고 아버지가 나오셨다. 다행히 새 부인과 아이들은 외출한 것 같았다.

“네가 여기 웬일이냐? 너 혼자 온 게냐?”

아버지는 당황한 표정을 지으며 주변을 둘러보셨다. 아직 어렸던 내가 서울 이문동까지 혼자 찾아왔다는 사실이 믿기지 않는 듯 보였다.

나는 그곳으로 가며 내내 마음속으로 준비해 온 말을 했다.

“엄마가 일을 못 나가셔서 우리 모두 굶고 있어요. 돈 좀 주세요.”

아버지는 내 얼굴을 빤히 쳐다보셨다. 그러곤 한동안 아무런 말없이 서 계셨다.

“기다려봐라.”

아버지는 나를 대문 밖에 세워 두고 집 안으로 들어가셨다. 아버지를 기다리는 동안 나는 밖에서 주변을 계속 두리번거렸다. 혹시라도 새 식구들이 올까 봐 걱정이 됐다.

조금 지나자 아버지가 다시 나오셨다. 그러고는 내 손에 돈을 조금 쥐어주셨다.

"자, 이제 그만 가 봐라."

쾅.

아버지는 내가 가는 것도 보지 않은 채 문을 닫으셨다.

나는 아버지가 주신 돈을 주머니에 넣고 다시 집으로 향했다.

'이 돈이면 열흘 정도는 끼니를 해결할 수 있겠지.'

돈도 얻었고, 새 가족을 마주치지도 않았는데, 서럽고 분한 마음에 가슴이 터질 것 같았다. 집에 돌아오는 길 내내 나는 소리 내어 엉엉 울었다.

그러고는 집에 도착해 누워있는 엄마에게 아무 말 없이 꼬깃꼬깃 접힌 돈을 내밀었다.

"자, 엄마."

엄마는 알 수 없는 표정으로 나를 바라보셨다. 제 아비에게 버림받은 것도 모자라, 돈을 얻으러 먼 길을 찾아갔어야 했던 어린 딸이 안쓰럽고 불쌍하셨던 모양이다.

"그래, 고생했다. 이거면 우리 가족 며칠 동안 밥은 먹을 수 있겠구나."

엄마는 힘없는 목소리로 말씀하셨다.

그날 이후부터 나는 학교가 끝나면 종종 아버지에게 돈을 얻으러 갔다. 아버지는 집 근처에서 부동산을 하고 계셨는데, 그곳은 늘 사람들로 북적거렸다. 하지만 나는 그 문을 단 한 번도 열어보지 못했다.

본처와 자식들이 있다는 사실을 다른 사람들이 알게 될 걸 두려워했던 아버지는, 나에게 절대 다른 사람들 눈에 띄지 말라고 신신당부하셨다.

아버지 가게에 갈 때면 나는 늘 창문 밖으로 얼굴을 살짝 비춰 아버지가 눈치껏 밖으로 나오시길 기다렸다. 아버지가 나를 보지 못하실 때면 몇 시간이고 밖을 서성이며 아버지와 눈이 마주치기만을 기다리곤 했다. 당시 아버지를 알고 있던 모든 사람들은 우리의 존재를 전혀 알지 못했다.

그렇게 열흘에 한 번꼴로 아버지를 찾아갔던 나는 몇 푼 얻어올 때도, 늦게까지 문 앞에서 기다리다가 그냥 올 때도 있었다. 일이 바쁘셨던 건지, 일부러 나를 피하셨던 건지는 잘 모르겠다.

새 부인이 함께 있을 때면 욕만 잔뜩 먹고 돌아오기 일쑤였다. 그 여자는 언제나 나를 경멸하듯 쳐다보며 소리를 질렀다.

"너희끼리 알아서 살 일이지 왜 자꾸만 여길 찾아오는 거야? 네 엄마는 왜 그렇게 허구한 날 아프다니? 정말이지 지긋지긋하다!"

그럴 때마다 나는, "아줌마가 뭔데 그래요? 아줌마 때문에 우리 가족이 불행해졌다고요!"라며 대들었다.

언젠가 한번은 그 여자에게 대드는 걸 보던 아버지가 나를 무릎을 꿇리고는 내 허벅지를 있는 힘껏 내려쳤다.

"악!"

그때가 여름이어서 얇은 치마를 입었었는데, 그 큰 손바닥으로 내 허벅지를 얼마나 세게 내리쳤는지, 그때 아팠던 기억이 지금도 생생하다.

나로 인해 그 여자가 기분 상해하는 꼴을 못 보는 모양인지, 아님 그 여자의 비위를 맞추기 위해 나를 때린 건지, 어쨌든 아버지는 그 여자 앞에서 나를 있는 힘껏

때리셨다.

그러고는 내 손목을 잡고 나를 문 밖으로 끌어내며 나지막하게, “집에 가라!”라고 말하고는 문을 닫으셨다.

쾅.

나는 한참을 대문 앞에 서서 내 허벅지에 생긴 벌건 손바닥 자국을 들여다보며 씩씩거리다 돌아왔다.

그러고는 며칠 후 다시 돈을 타러 그곳을 찾아갔다. 엄마와 우리 세 남매를 버린 아버지는, 그렇게 나를 천덕꾸러기로 만들었다.

아버지의 죽음

나에게 아버지는 늘 원망의 대상이었다.

'어쩜 자식들 셋을 낳아놓고는 그 어떤 것도 해준 것 없이, 평생을 무책임하게 살고 있을까.'

결혼을 하고, 두 아이의 부모가 된 후에 나는 더더욱 아버지의 그런 무능하고 무책임한 행동들을 용서하거나 이해하지 못했다.

10여 년 전, 아버지의 장례식 장에서도 나는 여전히 같은 생각을 했다.

아버지가 돌아가셨다는 소식을 듣고 우리는 병원을 찾아갔다.

병원을 가는 동안에도 나는 슬프기는커녕 힘들었던 옛 기억이 다시 떠올라 억울한 마음과 분노감에 더 휩싸였던 것 같다.

아버지 없이 살던 우리 네 식구. 먹고 살기 위해 안간힘을 썼던 엄마와 그런 엄마의 희생과 고난을 함께 나눴던 나, 그리고 어린 동생들까지 우리 네 식구가 견뎌왔던 지난 고난의 세월이 모두 아버지 탓이라는 생각에 더더욱 화가 치밀었다.

병원에 도착해 이미 숨을 거둔 채 누워있는 아버지를 보자, 가슴 깊은 곳으로부터 솟아오르는 원망과 슬픔이 함께 나를 휘감았다. 나는 차디차게 식어버린 아버지 얼굴을 손으로 감싸고 한참을 오열했다.

나 자신도 전혀 예상하지 못했던 그런 슬픔이었다.

'도대체 왜 그런 삶을 사셨습니까……! 당신의 그런 무책임한 삶이 한 여자와 당신의 핏줄들을 얼마나 힘들게 했는지 알고는 계시나요?'

어쩌면, 자식으로서 천륜의 끈끈함이 조금이라도 있었던 건지 모르겠다.

엄마는 그런 내 옆에서 함께 우셨다.

"네 아버지는 제명에 못 가신 거다. 너무 일찍 가셨어. 불쌍하구나……."

엄마는 아버지를 용서하셨던 건지, 아버지의 죽음에

꽤 많이 안타까워하시고 슬퍼하셨다.

• • •

엄마이야기

비극의 시작

경순은 어느 시골, 아들 셋 딸 둘을 둔 가족의 막내딸이었다.

언니 오빠들이 학교를 다니고 경순이 다섯 살 되던 해, 어머니는 병으로 돌아가셨고 얼마 되지 않아 아버지는 아들 하나가 달린 여자와 재혼했다.

새어머니가 집에 들어온 다음 날부터, 경순 인생의 비극이 시작됐다.

계모의 아들은 돌아가신 경순 어머니의 방을 차지했고, 다섯 살 난 경순을 비롯해 경순의 언니 오빠들은 먹는 것과 입는 것 모두 계모의 눈치를 봐야 했다. 계모는 특히 경순을 괴롭히는 재미에 사는지, 그 어린아이를 한순간도 가만두지 않았다.

그렇게 어머니의 죽음은 경순의 삶을 송두리째 바꿔 놓았다.

경순의 아버지는 고통 받는 어린 딸을 모른 체했다. 계모의 갖은 학대가 익숙해질 때쯤, 경순은 열한 살이 되었다.

어느 따뜻한 일요일 오후, 경순의 아버지는 경순을 마당으로 불러냈다. 계모가 온 뒤 처음으로 아버지와 둘이 마주앉은 거였다.

"경순아, 그동안 고생 많았다. 내가 미안하구나."

아버지의 말에 경순은 눈물이 벌컥 쏟아졌다.

'이제야 아버지가 나를 가엽게 여기시는 건가. 이제는 저 여자로부터 나를 지켜주시려는 건가 보다.'

경순은 영문도 모른 채 견뎌야 했던 그동안의 오랜 고통이 드디어 끝나는 순간이 온 거라, 그리고 늦었지만 학교에 보내줄 거라 기대했다.

"이제 그만 이 집에서 나가다오."

"네……?"

경순은 순간, 무슨 이야기인지 이해하지 못했다.

"네 행복을 위한 길이다. 그만 이 집에서 나가 네 길을 가거라."

경순의 아버지가 선택한 것은, 경순을 집 밖으로 내보내는 것이었다.

새 아내의 눈엣가시처럼 박혀있는 경순을 아버지는 결국 새 가족 구성원에서 빼버리기로 마음먹었다.

"아버지……."

경순은 말을 잇지 못한 채 아버지의 얼굴을 올려다봤다. 아버지는 너무나 차갑고 무서운 표정으로 경순을 내려다보고 있었다.

며칠 후 경순은 어느 한 무당의 집에 수양딸로 가게 되었다.

열한 살의 경순은, 그렇게 아버지로부터 버려졌다.

말이 좋아 수양딸이지, 괴팍한 무당은 경순을 계모보다 더 지독하게 괴롭혔다. 그 집에는 무당과 갓난아기가 함께 살고 있었는데, 경순은 그 아기를 돌보며 집안 살림을 해야 했다. 경순의 수양어미는 경순을 화풀이 대상으로 삼았다. 본인 기분이 안 좋아도, 아기가 병이 나도 경순을 때렸다.

하루는 마루에서 아기를 등에 업어 재우고 있는 경순에게 달려와 다짜고짜 빗자루를 휘둘렀다.

"야, 이년아! 죽을 쑤었으면 냄비를 치워야 될 거 아니야!"

경순이 아기에게 죽을 먹이고 등에 업어 재우느라 미처 치우지 못한 냄비를 보고 눈이 돌아간 것이다. 늘 그랬지만, 그날따라 유난히 귀신 들린 듯한 얼굴로 경순을 때렸다. 경순은 아기를 한쪽에 내려 뉘이고, 빌고 또 빌었다.

경순은 늘 죽음에 대해 생각했다. 어쩌면 죽음은 경순에게 닥친 모든 비극을 끝내는 유일한 탈출구일지도 모른다는 생각이 들었다. 경순은 죽은 어머니를 미치도록 그리워했다. 그리고 심한 매질을 당할 때마다 죽음을 떠올렸다. 그러면 이상하게도 곧 마음이 안정되곤 했다.

그렇게 하루하루 지옥 같은 날을 견디던 경순의 이야기는 사람들에게 전해져, 결국 경순 아버지의 귀에 들어가게 되었고, 아버지는 경순을 다시 집으로 데려왔다.

경순을 마주한 경순의 아버지는 눈물을 흘렸다.

"내가 정말 네게 못할 짓을 시켰구나. 용서해다오. 다시는 너를 남의 집에 보내지 않으마."

경순은 입을 굳게 다문 채 눈물을 쏟았다.

경순의 계모는 여전히 경순을 못마땅해 했지만, 이미 지옥 속에서 살아본 경순은 그깟 냉대쯤은 얼마든지 견딜 수 있었다.

그렇게 가족들과 잠시 같이 사는 듯했지만, 가난한 형편에 결국 경순의 세 오빠들과 언니는 남의 집 살이로 보내지게 되었고, 계모는 혼자 남은 경순을 작정하고 괴롭혔다. 아침 일찍 활을 쏘러 나가서 밤늦은 시간이 되어야 돌아오셨던 경순의 아버지는 경순이 어떤 일을 당하고 있는지 모르는 눈치였다.

아니, 어쩌면 집안 시끄러워질까 봐 그냥 모른 척 외면했는지도 모른다.

결국 경순은 열여섯 살 되던 해, 집을 뛰쳐나왔다. 그러고는 친척 어르신의 소개로 남의 집 살이를 가게 되었는데, 다행히도 이번에는 좋은 주인아주머니를 만나 그분의 딸처럼 지내며 그곳에서 10년 가까이 생활했다.

• • •

엄마이야기

결혼, 그리고 나락으로 치닫는 인생

경순이 스물다섯 살이 되자, 이곳저곳으로부터 중매가 들어오기 시작했다. 인물이 좋은 편이라 인기가 많았는데, 선을 봐도 누구 하나 마음에 들어오지 않았다. 그러다 우연히 친구의 소개로 한 남자를 만나게 되었다. 첫인상부터 호감을 갖게 되어 몇 번 더 만난 후, 급속도로 가까워져 결혼에 대한 이야기도 오가게 되었다.

그러던 어느 날 중매를 주선한 친구가 할 말이 있다며 경순을 찾아왔다.

"지금 네가 만나고 있는 사람, 알고 보니 소문이 별로 좋지 않더라. 나도 잘 모르고 소개를 해준 거였는데, 좋은 사람이 아닌 것 같아."

그 친구는 그 남자가 경순 외에도 다른 여자와 복잡한 관계로 얽혀있다며, 이미 소문이 파다하다고 말했다.

경순은 며칠 동안 고민했다. 모처럼 마음에 드는 사람을 만났는데 얼마 되지 않아 헤어지자니 아쉬운 마음이 들었지만, 복잡한 여자관계는 감당할 자신이 없었다. 결국 경순은 관계를 정리하기로 마음먹고 그 남자에게 뜻을 전했다. 그러자 그 남자는 모두 다 헛소문이라며, 경순의 오빠에게 자초지종을 설명하겠다고 다짜고짜 경순의 오빠 집으로 찾아갔다.

방으로 들어간 남자는 경순의 오빠와 한참 동안 이야기를 했다.

이야기를 마치고 경순에게 온 오빠는 경순을 설득하기 시작했다. 그의 화려한 언변에 넘어간 것이다.

경순은 이미 마음을 접은 상태였기 때문에 오빠의 말을 외면한 채 제 방으로 들어가 문을 닫았다. 하지만 남자는 포기하지 않고 매일같이 경순의 집을 찾았다. 참다못한 경순은 그를 피해 친구의 집으로 갔고, 한동안 그곳에서 머물렀다.

그러던 어느 날 경순을 찾아온 오빠가 대뜸 창호지 같은 것을 경순 앞에 펼쳐놓았다.

"이것 좀 보거라."

그것은 다름 아닌 혈서였다. 그 남자가 경순을 기필코 고생시키지 않고 행복하게 해 줄 테니 결혼을 허락해 달라는 내용의 혈서를 경순의 오빠 앞에서 새끼손가락을 깨물어 쓴 것이다.

경순의 오빠는 본인을 봐서라도 마음을 돌려보라며 경순을 설득했고, 경순의 마음에 쌓였던 담은 그런 오빠의 간곡한 말에 그만 무너지고 말았다.

"알았어요. 그럼 오빠 말대로 그 사람한테 시집갈게요. 오빠가 정 그러신다면, 내 한 몸 희생하는 셈 치죠."

경순이 마음을 돌리자, 결혼식은 서둘러 진행됐다. 한 달 안에 모든 일이 치러졌다. 그리고 그 남자와의 결혼 이후 경순의 인생은 더 이상 기구할 수 없는 나락으로 치닫게 되었다.

두 달간의 신혼 생활은 그리 나쁘지 않았다. 경순과 남편은 홀어머니를 모시고 살며 그럭저럭 평온한 삶을 살았다.

그러던 어느 날, 여느 때와 같이 점심을 먹고 상을 물리려는데 한 여자가 어린아이 둘을 데리고 나타났다.

"어머님, 저 왔어요!"

경순은 깜짝 놀라 시어머니의 얼굴을 올려다보았다. 경순의 시어머니는 얼굴빛이 사색이 되어 방 안으로 들어갔다.

이상한 생각이 든 경순은 그 여자를 앉혀놓고 자초지종을 물었고, 곧 그 여자가 남편과 이혼한 전처라는 사실을 알게 되었다.

"결혼을 했었다는 것은 알고 있어요. 하지만 둘 사이에 아이는 없다고 들었는데……."

경순이 물었다.

"아이가 없다니, 이렇게 멀쩡하게 둘이나 살아있는데."

그 전처라는 여자는 두 아이를 가리키며 말했다.

경순은 심장이 순간 멎는 듯했고, 얼굴은 노랗다 못해

흑색으로 변했다. 그러고는 그 자리에서 기절했다.

얼마 후 깨어보니 전처는 간 곳 없고 아이들의 울음소리만 들렸다.

저녁 늦은 시간, 경순은 집을 나가기 위해 서둘러서 짐을 챙기기 시작했다. 때마침 남편이 집으로 돌아왔다. 아이들을 보고 혼비백산 몸 둘 바를 몰라 하던 그는 불안한 눈으로 그녀를 바라봤다.

경순은 남편을 외면한 채 짐을 몽땅 싸들고는 집을 나섰고, 경순의 시어머니는 그런 경순에게 울며불며 매달렸다. 남편은 그 옆에 엉거주춤 서있었다.

경순은 시어머니를 뿌리치고 그대로 집을 나왔다. 날은 이미 어두워진 데다 딱히 갈 곳이 떠오르지 않았던 경순은 유난히 자신을 아껴주셨던, 이웃집에 살고 계시던 먼 친척 형님 댁을 찾아갔다. 한밤중 경순의 갑작스러운 방문에 깜짝 놀란 집안 형님은 보따리를 받으며 물었다.

"아니, 동서가 이 밤에 어쩐 일인가? 무슨 일이라도 생긴 거야?"

경순은 조금 전 일어난 상황을 말씀드렸다. 이야기를

들은 형님은 별로 놀라는 기색은 아니었다. 그도 그럴 것이, 이미 그도 알고 있는 이야기일 테니 말이다.

"하, 그랬구나."

집안 형님은 한숨을 쉬고 잠깐 생각을 하는 듯하더니, 곧 입을 열었다.

"서방님이 팔자가 사나워 그렇지, 사람은 좋잖아. 동서가 조금만 양보하고 희생하면 모두가 편안해질 수 있어. 너그러운 마음으로 서방님을 용서하고, 그 아이들을 받아주면 어때? 지금 이렇게 집을 나가면 남은 식구들은 어떻게 살아가겠어. 좋은 일 하는 셈 치고 마음을 돌려봐, 동서."

그 형님은 그렇게 한참을 경순을 설득했다. 굳게 다짐한 경순의 마음이 점점 약해졌다. 무엇보다 자신을 그 사람에게 시집보낸 큰오빠의 얼굴이 떠올랐다.

이대로 그 사람과 헤어진다면, 큰오빠는 내내 자책할 것이라는 생각이 들었다.

새벽 동이 틀 무렵, 경순은 결국 그 자리에 주저앉고 말았다.

그러고는 형님 손에 이끌려 집으로 돌아가게 되었다. 나락으로 떨어지는 자신의 삶을 멈출 수 있었던 기회를, 경순은 그렇게 날려버렸다.

경순은 시간이 지날수록 차츰 마음의 안정을 찾아가며 전처의 아이들을 길렀다. 원래 천성이 모질지 못했던 그녀는 기구한 팔자려니 생각하고 남편을 원망하지도, 시어머니를 미워하지도 않았다. 그러다 첫째 딸을 낳게 된 경순은 전처 아이 둘과 딸 정윤, 이렇게 세 아이들을 사랑으로 감싸고 무서운 시어머니를 효성으로 섬기며 하루하루를 열심히 살아갔다.

경순은 자신의 그러한 희생이 곧 평온한 삶을 가져다줄 거라 믿었다. 그러나 그러한 믿음은 오래가지 않았다. 전처의 아이들 중 큰아이는 여자아이였고 작은 아이는 남자아이였는데, 작은 아이가 홍역을 앓게 된 것이다.

시골이라 병원도 없었을 뿐 아니라, 당시만 해도 홍역은 앓을 만큼 앓아야만 낫는 병이었다. 때문에 하루속히 낫기만을 바랄 뿐, 다른 수가 없었다. 그런데 그만 그 병이 악화되어 결국엔 아이가 죽게 된 것이다.

경순은 아이를 잃은 상실감에 꽤 오랫동안 힘들어했다.

시간이 흘러 아이 잃은 슬픔을 잊어갈 무렵, 이번엔 고된 시어머니의 시집살이를 견디지 못하고 그만 신경성 위장병에 걸리고 말았다.

좋다는 약은 다 써 봐도 별 차도가 없더니, 결국 물 한 모금 삼킬 수 없는 지경에까지 이르렀다.

경순의 남편과 시어머니는 경순에게 더 이상 희망이 없다고 생각했는지, 어떻게든 그녀를 살릴 생각을 하기는커녕 땅을 사서 재산을 불릴 궁리만 하고 있었고, 경순은 방 한구석에 방치된 채 물 한 모금 삼키지 못했다.

죽을 날만을 기다리는 사람처럼 그렇게 누운 채 문 너머에서 시어머니와 남편이 재산 문제로 의논을 하는 것을 듣고만 있었다.

'이대로 죽을 수는 없다. 이렇게는 억울해서 안 돼.'

경순은 옷을 갈아입은 후 방 밖으로 기어 나와 세수를 하고 머리를 손질했다. 허리는 구부러지고, 입술은 바짝 말라 금방이라도 쓰러질 듯한 행색이었지만, 살겠다는 의지 하나로 집을 나설 채비를 했다. 그런 경순의 모습을 본 시어머니는 냅다 소리를 질렀다.

"그 꼴을 해서 어디 가냐?"

경순은 쿵쾅거리는 가슴을 억지로 누르고 입을 뗐다.

"어머님, 저 며칠만 나가서 병을 고치고 돌아올게요."

"뭐? 네가 집 밖으로 나가서 살 수 있을 것 같으냐? 네가 병을 고쳐서 오면 내 손에 장을 지진다!"

노발대발하는 시어머니를 뒤로한 채 경순은 집을 나섰다. 그리고 그길로 인천에 살고 있는 이종사촌 오빠를 찾아갔다. 당시 경순의 친정 식구들은 경순의 아버지가 활쏘기로 재산을 모두 탕진해버리는 바람에 뿔뿔이 흩어져 살고 있었다. 경순의 몰골을 보고 깜짝 놀란 사촌 오빠에게 경순은 자초지종을 설명했고, 그는 경순에게 꽤 많은 돈을 선뜻 내주었다.

"경순아, 이 돈으로 꼭 네 병을 고치거라. 그래서 다시 집으로 돌아가렴."

사촌 오빠에게 생각지도 못했던 많은 돈을 받은 경순은, 유명한 한약방이란 곳은 모두 찾아다니며 약을 짓기 시작했다. 아이들이 너무 보고 싶고, 걱정도 됐지만 일단 살아야겠다는 의지 하나로 버텼다. 그렇게 애쓰기를 반년 남짓, 결국 경순은 온전히 회복하게 되었다.

'아, 드디어 다시 집으로 돌아갈 수 있게 되었네.'

경순은 집으로 발길을 재촉했다. 자식들이 너무 보고 싶었고, 시어머니와 남편의 안부도 궁금했다.

그렇게 약 반년 만에 돌아간 집. 날은 어둑어둑했고, 마을은 조용했다. 문을 열기 전 경순은 호흡을 가다듬었다.

'어머님이 화가 많이 나셨겠지. 아마 또 노발대발하실 거야. 그래도 이렇게 내가 살아 돌아온 걸 보시면 내심 기뻐시겠지.'

경순은 대문을 열고 집으로 들어갔다. 그 순간 안방 문을 열고 마루로 나오는 시어머니와 눈이 마주쳤다.

"에구머니나!"

경순의 시어머니는 그대로 마룻바닥에 주저앉았다. 소리를 듣고 나온 경순의 남편이 그 곁에 서서 경순을 쳐다보고 있었다. 놀란 표정이었다. 경순은 시어머니 앞으로 가 무릎을 꿇고 앉았다.

"어머님, 정말 죄송합니다. 잘못했습니다. 저를 용서해

주세요. 하지만, 저 이제 다 나았습니다. 건강해졌어요."

당황해 말을 잇지 못하는 시어머니와 멍하게 서있는 남편. 경순은 아이들이 보고 싶었다. 마침 작은 방 문이 열렸다.

"어머님, 누가 왔어요?"

처음 보는 젊은 여자가 문을 열고 나왔다. 경순은 순간 멍해졌다.

'어머님? 저 여자는 누구지?'

알고 보니 경순이 병을 고치러 간 사이, 반년이라는 그 시간 동안 그녀의 남편은 또 다른 새 여자를 집에 들여 살기 시작했던 것이다.

"네가 집을 그렇게 나가버리니, 이 애들은 누가 키우겠느냐? 네가 살아서 돌아올 줄은 몰랐다!"

잠깐 당황하는 듯했던 경순의 시어머니는 곧 경순을 향해 모진 말을 퍼부었다. 또한 막 새살림을 차린 경순의 남편은 이미 경순에게 냉담해져있었다.

경순은 한동안 정신을 차리지 못했다. 하늘이 무너지는 것 같았다. 그 짧은 시간에 다른 살림을 차리다니. 도무지 기가 막혀 말이 안 나왔다.

하지만 그녀는 물러나지 않았다. 경순은 어떻게든 이 집 귀신이 되어야 한다는 생각에 사로잡혔다. 그러고는 매일같이 자신에게 악담을 퍼붓는 시어머니를 극진하게 모시며 자신의 딸 정윤과 남편이 전처와의 사이에서 낳은 딸 정숙을 키우기 시작했다.

한집에서 두 집 살림이 시작된 것이다.

그렇게 며칠이 지났을까. 경순의 남편과 새 아내는 오히려 잘됐다 싶었는지, 곧 둘이 살림을 차려 나갔다.

혼자 남은 시어머니의 시집살이는 날이 갈수록 심해졌다. 당신의 아들은 이미 세 번째 살림을 차려 나갔고, 두 번째 며느리만이 곁에 남았는데도 고맙고 미안하게 생각하기는커녕 고된 시집살이를 시켰다. 결국 경순의 위장병은 다시 재발했고, 견디기 힘든 경순은 다시 집을 뛰쳐나갔다.

다행히 경순은 친구의 정성 어린 간호 덕에 얼마 후 건강을 회복하게 되었지만, 다시 그 집으로 돌아가 시어머니의 혹독한 시집살이를 견뎌낼 자신이 없었다.

'이러다 정말 내가 죽겠다. 내 자식만 데리고 나와 살아야지.'

경순은 시집에 남겨진 딸 정윤을 데리고 나오기 위해 보따리 행상을 하며 돈을 모으기 시작했다. 옷가지를 떼어 집집마다 팔러 다니는 보따리 장사가 그럭저럭 잘 되었고, 마침내 정윤을 데리고 나와 둘이 함께 살 수 있게 되었다.

큰딸도 데려와 함께 살고 싶었지만 큰딸은 이미 제 아버지 집에 보내져있었다.

먹고 살 일이 여전히 큰 걱정이었지만, 시집살이로부터 벗어난 경순은 드디어 숨통이 트이는 것 같았다. 며칠 지나지 않아 경순의 남편은 딸아이 정윤이가 보고 싶다는 핑계를 대며 경순의 집을 찾아왔다.

'저 뻔뻔한 면상에 침이라도 뱉어주고 싶구나. 어떻게 인간이 저럴 수가 있는 거지?'

그러나 모질지 못했던 경순은 남편을 내치지 못하고 집 안으로 들였다.

그 후부터 경순의 남편은 자꾸 집으로 찾아왔고, 그러

던 중 경순은 둘째를 갖게 되었다. 둘째는 아들이었는데, 아들이 좋아서 어쩔 줄 모르는 경순의 남편과 시어머니는 더욱 자주 집을 드나들었다. 그렇지만 새 여자의 앙탈에 그것도 오래가지 못하고 곧 중단되었다. 결국 경순은 홀로 가장이 되어 아이들을 키우게 되었다.

시간이 흐르면서 잊어버릴 만하면 찾아오던 남편은 나중엔 아예 발을 끊다시피 했고, 경순은 그 어려움 속에서 막내를 또 낳았다. 여자아이였다. 빛이 전혀 들어오지 않는 움집에 살 때였다. 땅을 파서 공간을 만들고 그 위에 지푸라기를 덮어 지붕을 만들어 집 모양을 낸, 늘 불을 켜야 되는 어두컴컴한 집이었다.

그곳에서 살 때, 그 당시 유행하는 전염병에 걸린 아들 때문에 경순은 얼마나 애를 태웠는지 모른다.

갖은 노력 끝에 그 아이를 살려 냈지만 아비란 자는 그 때도 코빼기도 안 비쳤다.

그런 사람을 남편으로 맞이했던 경순은 결국 연약한 여자의 몸으로 그렇게나 힘들고 고된 세상을 홀로 자식들을 키우며 살았다.

경순의 큰오빠는 당신의 실수로 경순을 깊은 구렁텅이로 몰아넣었다는 죄책감에 늘 괴로워하다가 결국 젊은 나이에 스스로 목숨을 끊었다.

물론 또 다른 이유도 있었지만.

3장

삼남매

동생들

아버지 없는 우리 가족의 가장이 되어 생계를 꾸려나가시던 엄마, 그리고 그런 엄마의 큰딸인 나는 엄마의 빈자리를 대신했다. 엄마가 5일장을 나가느라 집을 비우실 때면 동생들의 끼니를 챙기는 일부터 청소며 빨래, 설거지 등의 온갖 집안일은 모두 내 차지가 되었다. 초등학교 4학년 때는 막내 동생을 돌보기 위해 학교를 1년 휴학하기도 했다.

고된 일들도 가리지 않고 하던 엄마는 끝내 몸져누우셨고, 그렇게 한참 동안을 앓았다. 그 이후 엄마의 몸은 많이 쇠약해져 더 이상 힘든 일은 못하시는 상황이 되었는데, 우연히 지인을 통해 서울 종로에 위치한 한 숙박업소의 입주 도우미 일자리를 얻게 되셨다. 숙박하는 손님들에게 밥을 해주는 일이었다. 당시 남동생이 초등학교 4학년, 막내 여동생이 1학년, 내가 중학교 1학년 때였다.

5일에 한 번씩은 집에 돌아오셨던 이전과는 달리, 엄마는 이제 한참 동안 집을 비우셔야 했고 그때부터 나는 우리 집의 또 다른 엄마가 되었다. 집안 살림이야 이미 이골이 난 상태지만 아직 초등학생인 두 동생들의 공부도 지도해야 하고, 이런저런 교육도 해야 하는 점이 걱정이었다.

그렇지만 나는 그 시절 역시 야무지게 잘 보냈다.

매일 방과 후 집에 돌아오면 두 동생들을 앉혀 놓고는, "오늘 학교에서 뭐 배웠니?"라며 그날 배운 내용들을 묻거나, "어서 알림장 펴봐. 오늘 숙제 끝내야만 나가 놀 수 있어."라며 두 동생들이 학교 숙제를 다 마칠 때까지 지도해주었다.

막내 여동생이 학교 소풍을 갈 때면 학교를 빠지고 동생을 쫓아갔을 정도였다. 다른 아이들의 엄마들 사이에서 교복을 입은 나는 기도 죽지 않고 열심히 동생을 돌봤던 기억이 난다.

남동생은 장난기가 무척 심했었다. 동네의 또래 남자

아이들을 툭툭 건드리며 시비를 걸고서는 되려 두드려 맞고 울면서 들어오곤 했는데, 그때마다 내 눈에서는 불똥이 튀어 그길로 쫓아나가 때린 놈들을 찾았다.

"너 왜 내 동생 때렸어. 이 나쁜 놈아! 너도 한번 맞아봐라!"

나는 소리를 지르며 손에 들고 나간 몽둥이를 휘둘렀다. 그러면 그놈들은, "넌 뭐야? 이 계집애가 겁도 없이. 너도 한번 맞아볼래?"라며 어느새 내 몽둥이를 뺏어들고는 나를 밀치고 때렸다.

그렇게 얻어맞고 집에 들어오면 나는 남동생에게 분풀이를 했다.

"너 때문에 나까지 맞았잖아. 왜 이기지도 못하면서 맨날 말썽이냐, 말썽이!"

나는 곧 동생을 때릴 듯이 눈을 부라렸다.

"누나, 미안해. 근데 그놈들이 먼저 날 건드린 거야!"

남동생이 중학생이 될 때까지 일주일에도 몇 번씩 이런 일이 있었던 것 같다.

더 어렸을 적엔 다락방에서 성냥갑을 갖고 놀다가 불을 내서 지붕이 다 타버린 적도 있었다. 그때 다 타버릴

뻔한 우리 집을 구한 것은 옆 움막집에 살던 벙어리 아저씨였다. 평소 우리 남매들을 비롯해 동네 아이들은 그 아저씨를 '응아니'라며 늘 놀려대곤 했었다. 늙은 노모와 함께 살던 그 아저씨는 동네에 무슨 안 좋은 일이라도 생기면 "응응"거리며 제일 먼저 나서곤 했던, 착한 심성을 가진 분이었다. 등이 거의 땅에 닿을 정도로 굽었던 그의 노모 역시 매우 부지런하신 분이었고, 가끔 우리 집에도 놀러 오시곤 했다. 치아가 없으셔서 늘 우물우물 뭔가 씹고 다니셨다.

동생의 불장난으로 우리 집에 불이 났던 그날, 그 벙어리 아저씨는 누구보다 먼저 나서서는 온몸을 다해 불을 꺼주었다. 어린 우리 남매들은 그런 아저씨에게 너무 고마웠고, 그동안 바보라 놀려댔던 것을 후회하며 미안해했다. 그 후 우리들은 먹을 것이 생길 때면 그 아저씨에게 가져다주기도 하면서 잘 지냈던 것 같다.

한편 남동생을 떠올리면 두고두고 가슴 한 켠이 쓰린 기억이 있다.

동생이 스무 살이 되어 군대를 입대할 시기, 우리 가

족은 소송에 휘말려있었다.

당시 엄마와 나, 동생들은 시골에서 할머니를 모시고 농사를 지으며 살고 있었는데, 작은아버지가 노름을 하느라 아버지 소유의 시골 땅 일부를 날려버린 것이다. 서울에 살고 있던 아버지는 종종 시골집에 내려와 그 땅을 되찾기 위한 소송을 치르고 있었는데, 아버지의 요청으로 당시 우리를 위해 증인을 서주셨던 하씨 성을 가졌던 인부 아저씨가 위증죄로 몰리면서 극도의 스트레스를 견디다 못해 결국 병이 들어서 죽게 된 일이 있었다.

그런 위기의 상황에서 남동생은 군대를 가게 됐고, 입대하던 날에도 엄마와 나는 재판에 가야 되는 바람에 동생을 부대 근처에 데려다주고는 별다른 배웅도 하지 못한 채 부랴부랴 다시 돌아왔었다.

당시 동생을 배웅해주고 돌아오는 길 내내 엄마와 나는 동생이 안쓰러워 펑펑 울었다.

그 후 얼마 지나지 않아 장사를 시작하게 되었고, 늘 바쁘고 힘들게 사느라 남동생이 제대할 때까지 면회를 단 한 번도 가지 못해 제대를 하고나서야 몇 년 만에 동생을 만나게 된 것이다. 당시 남동생 면회를 가지 못한 게 얼마나 마음에 걸리던지. 엄마는 돌아가시기 전까지 내게 두고두고 그 얘기를 하시곤 했다. 먹고 살기 바빠 아들 군에 있는 동안 면회도 한번 못 가셨던 것이 너무 미안하다고.

우리 세 남매는 어렸을 때부터 함께 지내며 지금껏 살아온 반면, 어렸을 때 헤어진 큰언니는 성인이 된 후에야 만나게 되었다. 아버지가 우리 엄마와 결혼 전 첫째 부인과 낳은 딸인 언니를, 엄마는 나와 함께 기르셨다. 하지만 아버지가 세 번째 살림을 차리면서 함께 데리고 가는 바람에 우리는 다 커서야 만날 수 있었다. 나는 처녀 시절 직장생활을 하며 언니를 자주 만났다. 우리 회사는 을지로에, 언니가 다니던 변호사 사무실은 서소문에 위치해있어 언니네 사무실에 자주 들르곤 했었다. 내가 다니던 회사는 민화를 파는 일이 주 업무였는데, 우리 팀장은 고객들에게 동문인 것처럼 전화를 걸어 영업을 했고, 팀원들은 직접 민화를 들고 찾아가 책에 대해 대충 설명을 해주곤 했다. 민화는 그 두께가 무척 두껍기 때문에 양손에 책을 들고 다니다 보면 어깨가 빠질 것처럼 아팠다. 그래서 책을 잔뜩 들고 외근을 나갔을 때에는 다시 회사로 돌아가지 않고 가끔 언니네 사무실에 맡겨놓고는 했었다. 늘 나를 반갑게 맞아주었던 언니의 밝은 미소가 새삼 떠오른다.

핏줄이기에 그랬겠지…….

어쨌든 나는 틈만 나면 언니에게 가서 함께 점심을 먹기도, 때로는 커피나 차를 마시기도 했다. 어쩔 수 없는 상황으로 우리는 비록 함께 자라지 못했지만, 성인이 된 후에는 내가 자주 찾아가면서 우리 핏줄은 더욱 가까워진 듯하다.

엄마 노릇

나는 보름에 한 번씩 엄마가 일하는 곳으로 가서 생활비를 타오곤 했는데, 그때마다 엄마에게 그동안 겪은 일들에 대한 이야기를 쏟아내고는 했다.

"엄마, 사람들이 우리를 얼마나 무시하는지 알아? 부모 없이 살아서 그런가 봐. 막대하고, 무시하고……."

그런 얘기를 들을 때면 엄마의 얼굴은 붉으락푸르락 변했다.

"이게 다 네 아비 때문이다. 그 죽일 놈의 인간이 천금 같은 내 자식들을 천덕꾸러기로 만들다니……!"

오랜만에 나를 만나 그동안 우리 삼 남매가 겪었던 일을 들은 엄마는 나를 부둥켜안고 한참을 우셨다.

부모 없이 산다고 주변 사람들의 입에 오르내리는 게 너무 싫었던 나는 유난히 동생들에게 무섭게 대했다.

몇 시간이고 옆에 붙어 앉아 학교 과제나 시험 준비를 시켰고, 잘못한 일이 있을 때면 아무리 사소한 일이라도 회초리로 종아리를 때렸다. 어쩌다 특히 호되게 혼낼 때면, 동생들을 먼저 재운 후 밖에 나와 혼자 운 적도 여러 번 있었다.

이제는 쉰 살이 넘은 남동생과 여동생은 좋은 짝과 예쁜 아이들을 낳아 잘 살고 있다. 우리들은 가끔 모이면 지난날을 이야기하기도 한다.

"언니는 그때 진짜 무서웠었어! 우리 반에서 국민교육헌장 다 외우고 구구단까지 몽땅 다 외운 애는 나뿐이었다."

여동생은 그때를 회상하며 내게 이런 말을 했다.

아버지의 부재에, 엄마마저도 생계 때문에 집을 거의 비우셨던 그 시절, 첫째인 내 손에 자란 두 동생들이 어렸을 때를 얼마나 기억하고 있을지는 잘 모르겠다. 지금 생각해 보면 그 어린 나이에 엄마 노릇 하겠다고 집안 살림하며 동생들을 키우느라 아등바등 살았다는 게 스스로 대견하기도 하고, 한편으로는 씁쓸하기도 하다.

아버지 없이 우리 가족의 생계를 책임지느라 5일장 장사에서부터 남의 집 살이까지 온갖 고생을 하셨던 엄마, 그리고 그런 엄마의 빈자리를 채워야 했던 나.

나는 사춘기도 없이 그렇게 어린 시절을 보냈다.

4장

어린 시절
빈 그림자

못생긴 오른손

어렸을 적 내 손등은 늘 갈라지고 터져 피가 나곤 했다.

당시 우리 집으로부터 걸어서 15분 정도 거리에 있는 논 가장자리에 웅덩이 하나가 있었는데, 물이 귀했던 그 시절에는 그곳이 유일한 빨래터였다. 그 빨래터에는 순서를 기다려야 할 정도로 항상 사람이 많았다.

나는 늘 그곳으로 빨래를 하러 갔다.

요즘처럼 흔하디흔한 고무장갑이 귀했던 그 시절. 가난했던 내게 고무장갑은 언감생심이었고, 구경조차 못 해봤다. 빨랫비누도 귀해서 한동네에 살던 경화라는 친구가 가끔 비누를 줬었다. 미군부대에 다니시던 경화 아버지가 가져오시는 세숫비누였다. 경화는 영수라는 아이네 집 방 한 칸에 세 들어 살고 있었는데, 경화 아버지가 작은여자를 얻어 그 식구들이 모두 한 방에 함께 생활했었다. 그때는 몰랐지만 지금 돌이켜 생각해보니 참 어처구니없는 집이었다. 어쨌든 그 경화 아버지가 갖고 오신 비누는 조그마한 거라 올 나간 스타킹에 여러 개를 넣어 묶어서 쓰곤 했는데, 찬물에서도 거품이 잘 나 빨래하기가 아주 좋았다.

다른 계절에는 그래도 별 어려움 없이 빨래를 다닐 수 있었는데, 겨울이 되면 산길을 따라 오가야 하는 그 길이 너무 추웠다. 빨래를 하러 가는 길은 그나마 참을 만했는데, 맨손으로 빨래를 한 후 젖은 손으로 집으로 돌아올 때면 손끝이 떨어져 나갈 듯이 시리고 아파 집에 돌아오면 이불 속에 얼얼한 손을 넣어 한참을 녹여야 했다.

그때부터 생긴 내 습관이 바로 오른손을 가리는 것이다.

특히 처녀 시절에는 손에 대한 콤플렉스가 너무 심해서 늘 왼손으로 오른손을 감쌌다. 사람들 앞에선 어떻게든 오른손을 감추려고 했던 것 같다.

그 습관은 결혼을 하고 나서도 여전히 변하지 않았

다. 관리를 하기는커녕 결혼 전보다 더 힘든 삶을 살았으니…….

요즘에도 문득 두 손을 바라볼 때면, 고됐던 내 지난 날들이 고스란히 담겨있는 듯해 잠시 울적해진다.

참외 꼭지와 콩나물 김칫국

나는 황달을 한 번 앓은 적이 있다. 엄마가 성치 않은 몸으로 양조장 댁에 물을 길어 나르실 때니까, 내가 아마 초등학교 4학년 막 마칠 무렵이었던 것 같다.

어느 날 얼굴이 샛노래지고 눈동자가 누렇게 변했다. 약을 살 수 있는 돈이 없었던 엄마는 어디서 듣고 오셨는지, 참외 꼭지를 미세하게 빻아서 내 콧속에 불어넣으셨다. 그러고 조금 지나니 코에서 누런 콧물이 흘렀다. 엄마는 독소가 빠지는 거라며 계속해서 참외 꼭지 가루를 코에 넣어주셨다.

"엄마, 이게 정말 효과가 있을까? 계속 콧물이 나는데 학교 갈 때는 어떻게 해?"

나는 엄마의 민간요법이 정말 효능이 있을까라는 기대보다 누런 콧물을 흘리며 학교에 갈 것이 더 걱정이 되었다.

"코에다 수건을 대어 줄게. 며칠만 지나면 다 나을 거야."

그렇게 나는 며칠간 코에 수건을 대고 학교를 다녔는데, 나중엔 콧물 양이 너무 많아져서 큰 기저귀 천을 대야 했다.

아니나 다를까 친구들은 누런 코를 계속 천으로 닦아내고 있는 나를 놀려댔다.

창피함에 종일 친구들을 피해 다니다 집에 가면, 엄마는 다시 참외 꼭지를 빻아 그 가루를 콧속에 넣어주셨다.

"엄마, 나 정말 창피해 죽겠다. 얼마나 더 이렇게 다녀야 되는 거야?"

"다 나을 때까지 해야지. 조금만 더 참아봐."

황달이 다 낫기 전까지, 나는 수업이 끝나면 곧바로 집으로 달려왔다. 친한 친구였던 차영이는 그런 나를 따라 함께 우리 집으로 놀러오곤 했다.

"정윤아, 어제 교회에 가서 너 빨리 낫게 해달라고 기도했다!"

"그래? 고마워. 나도 빨리 나아서 이 기저귀 천을 그만 대고 싶다. 너무 창피해."

"하하, 그래. 정윤아 그런데 뭐 먹을 거 없어? 배고프다."

"글쎄, 뭘 해줄까? 밥은 있으니까 국을 끓여야겠다."

나는 부엌으로 가 평소에 자주 해먹는 콩나물 김칫국을 만들었다. 차영이는 내가 만든 국이 너무 맛있다며 그릇째로 들고 마셨다.

"이거 어떻게 만드는 거야? 우리 엄마가 만든 거랑은 천지 차이야! 비결이 뭐니?"

차영이가 물었다.

"비결? 글쎄. 그냥 가장 싼 재료로 만들 수 있어서 자주 해먹는 거야. 그러다 보니 맛이 좋아졌나 봐. 근데 나는 이 국이 정말 지겹다."

엄마의 참외 꼭지 민간요법이 효력이 있었는지, 얼마 지나지 않아 나는 회복되었고, 더 이상 기저귀 천을 코에 대고 다니지 않아도 됐다.

하지만 콩나물 김칫국은 내가 중학생이 될 때까지 늘 우리 식구의 주식이었다.

선생님

내가 3학년부터 6학년 때까지 담임이셨던 선생님은 나를 참 아껴주셨다.

초등학교 시절, 내게 가장 행복했던 순간은 방과 후 담임선생님과 함께 시험지 점수를 매길 때였던 것 같다. 점수를 매기고 선생님 자취방에서 함께 밥을 지어 먹을 때가 나는 가장 신나고 즐거웠다.

"정윤아, 너는 똑똑하고 야무져서 꼭 훌륭한 사람이 될 거야. 성공하면 선생님 잊으면 안 되는 거 알지?"

"네, 당연하죠!"

선생님은 고되고 힘들었던 내 초등학교 시절에 따뜻한 시간을 만들어주시는 분이었다.

돈이 없어서 소풍을 못 갈 처지였던 나를 대신해 소풍 비를 내주셨던 선생님은 어려웠던 내 가정 형편을 늘 걱정해주셨다.

당시 학교에서는 간식으로 옥수수 빵을 나눠줬었는데, 선생님은 다른 아이들 몰래 빵 한 개를 빼 놓으셨다가, 나중에 나에게 주시곤 했다. 그러면 나는 학교 끝나고 그 빵을 집으로 가져가 동생들에게 나눠 주었다.

먹을 것이 흔치 않던 그 시절, 그 옥수수 빵은 얼마나 맛있었던지.

선생님 소식은 5년 전쯤 소문으로 들었다. 40대 후반까지 혼자 사시다가 나쁜 병으로 돌아가셨다고 한다.

한동안 송구하고 죄송한 마음이 들었다.

지긋지긋한 빚

누구나 그렇겠지만, 나에게 빚은 정말이지 지긋지긋한 단어이다.

먹고 살기 위해 아버지를 비롯해 여기저기 돈을 꾸러 다녀야 했던 천덕꾸러기 어린 시절부터, 엄마와 함께 가장으로서 집안 생계를 꾸려갔던 20대. 그리고 결혼 후 자식들을 낳고 기르며 이제 환갑을 바라보는 나이가 된 지금까지, 빚이란 단어는 평생을 나를 따라다녔다.

시골 할머니 댁으로 살림을 합친 후, 일산에 가게를 오픈하기 전까지 엄마는 농사를 지으며 생계를 꾸리셨고, 나는 졸업 후 취직해, 월급을 살림에 보탰다. 여자 혼자 짓는 시골 농사여서 엄마는 가끔 일꾼을 사곤 했는데, 그럴 때면 적자를 낼 때도 많은 듯했다.

"정윤아, 생활비가 모자라 빚을 져야겠다. 살림이 피기는커녕, 점점 어려워만 지는구나."

빚 얘기를 들을 때면 나는 엄마에게 까칠하게 굴었다.

"엄마는 왜 그렇게 빚을 지고 살아? 무슨 돈이 그렇게 많이 들어간다고! 빚 타령 좀 그만해. 정말 지겨워 죽겠어!"

어렸을 때부터 나는 유난히 살림 걱정을 많이 했다. 걱정과 함께 늘 예민했었다.

"엄마도 아껴 쓴다고 하는데, 힘이 드네."

"도대체 어디에 쓰는 거야? 시골에서 사는데 무슨 돈이 그렇게 많이 들어!"

내가 소리를 지르며 대들면 엄마는 섭섭해하며 대답하셨다.

"돈 쓸 게 뭐가 있냐니. 농사 지어봤자 이런저런 경비를 제하고 나면 남는 게 하나도 없단다."

"그럼 내가 주는 돈은 다 어디다 쓰는데?"

"네가 주는 돈이 몇 푼이나 된다고 그러니. 그건 곗돈 붓는 데 다 들어가지!"

당시 내가 직장에서 받는 월급은 기본급에 팀별로 실적에 따른 인센티브를 받는 식이었는데, 실적이 좋을 때는 그럭저럭 수입이 괜찮았지만 그렇지 않을 때에는 기본급만 받기도 했었다. 그러니 솔직히 내가 엄마에게 드리는 돈은 적은 금액일 수밖에 없었다.

그러다 보니 성인이 된 후 부터는 엄마와 늘 돈 문제로 다투었던 것 같다.

그놈의 돈은 늘 나를 힘들게 했다. 정말이지, 지긋지긋했다.

그래서인지 결혼한 내 딸이 집을 마련하며 받은 대출금을 생각하면 걱정스럽다. 내 자식만큼은 빚 부담 없는 삶을 살기를 원했는데. 요즘 나는 딸과 통화할 때마다 최대한 아껴 쓰고 빨리 대출 빚을 갚으라고 당부한다. 그럴 때면 딸아이는 "엄만 참 예민해"라며, "지금 자기 집 갖고 살면서 우리 정도의 빚 안 진 사람이 있는 줄 아시우? 누구든 조금씩은 다 지고 살아요. 엄마가 빚에 대해 너무 예민해서 그래."라고 대답하곤 한다.

우린 지금도 아직 갚아야 할 빚이 남아있다. 내 어깨는 늘 뭔가에 짓눌려있는 느낌이다. 남아있는 빚을 다

청산하게 되는 그날까지, 난 늘 이 짓눌림을 받을 것 같다. 마음을 편히 가지려고 하지만, 어쩌나, 천성인 것을……. 쉽게 되지 않는다. 어렸을 적부터 눌려왔던 빚의 무게가 지금까지도 날 놓아주지 않고 있다. 난 늘 이웃분들에게 돈과 쌀을 빌리러 다녀야 했고, 내 등 뒤에서 "쯧쯧" 혀 차는 소리를 셀 수도 없이 들었다.

나는 빚을 안고 사는 삶이 정말 싫다. 하루 빨리 갚아야 하는데, 사는 게 정말 쉽지가 않다.

5장

/

결혼,
억척스러움의 시작

결혼, 그리고 장사

결혼 당시 남편은 월급쟁이였다. 연애할 때 모아놓은 돈이 없어 결혼할 상황이 아니라고 이야기했는데, 내가 서둘렀다. 아마도 친정집을 하루빨리 떠나고 싶은 마음에 그랬던 것 같다.

결혼 후 얼마 되지 않아 나는 아이를 가졌다.

입덧이 얼마나 심한지 제대로 먹지도 못하고, 어쩌다가 뭐라도 먹는 날이면 모조리 토하기가 일쑤였다. 그나마 토하지 않고 잘 먹었던 것은 자몽인데, 신맛이 유난히 강하지만 단맛도 있어 그때의 내 입맛에는 정말 천하 일미였다. 그 후에는 신맛만 느껴져서 입도 안 댔지만.

배 속에서 그렇게 날 힘들게 하고 태어난 내 딸. 곰팡이 핀 월세방에서 낳은 아이었지만, 나는 세상을 다 얻은 것만큼 기뻤다.

딸이 점점 자라며 육아에 드는 돈이 만만치 않아지자 나는 슬슬 걱정이 되기 시작했다.

'아이도 한 명 더 낳아야 할 텐데, 언제 돈을 모아 집을 사고 아이들을 가르치나. 남편 월급만으로는 이렇게 빠듯한 생활만 지속될 텐데…….'

나는 몇 달간 고민을 했다. 남편의 월급으로 살림은 꾸려나갈 수 있지만, 아이들에게 풍족한 삶을 살게 해주지 못할 거라는 생각에 사로잡혔다. 어렸을 때부터 워낙 힘들게 살아왔던 터라, 내 자식들만큼은 여유롭게 살게 해주고 싶었다.

결국 나는 장사를 해야겠다는 결론을 내렸다. 결혼 전에 엄마를 도와 식당 일을 했었고, 결혼을 한 후에도 종종 가게에 들러 일손을 도왔으니, 나름대로의 노하우는 이미 익힌 상태였다.

내 딸이 네 살 되던 해, 나는 가게를 열었다.

2층에 있는 20평 남짓한 상가점포였는데, 큰 방도 하나가 달려있어서 아예 그곳으로 살림도 합쳤다. 시중에 모아놓은 돈 조금을 제외한 나머지는 모두 빚으로 장사 밑천을 마련했다.

처음 시작한 음식점치고는 첫날부터 꽤 반응이 좋았었다.

엄마와 음식을 만들던 경험이 있어서인지 손님들마다 모두 맛있다며 좋아했고, 단골손님도 늘어났다. 처음 하는 장사에 불안했던 나는 차츰 안심을 하게 되었고, 곧 재미를 붙이며 정성껏 음식을 만들어내었다.

월 수입이 임대료를 내고도 약간의 돈이 남을 정도였는데, 처음 시작이 그 정도이면 완전히 성공한 거라고 볼 수 있었다.

나는 신이 나서 열심히 장사를 했다.

아침에 남편을 출근 시키고 나면 딸아이를 등에 업고 점심에 팔 음식을 준비했다. 아이가 잘 놀 때면 방에서 혼자 놀게도 하고, 그렇지 않을 때는 등에 업고 일했다. 어쩌다 낮에 낮잠이라도 잘 때면 얼마나 편하던지…….

아이를 놀이방에 보낼 수 있는 금전적 여유가 없었기 때문에, 많이 바쁠 때면 여동생에게 봐달라며 맡기기도 했다.

정말 열심히 일했던 것 같다.

혼자 음식을 만들고, 서빙을 하고, 때로는 배달도 했다.

언젠가 머리에 배달 음식을 이고, 한 손으로는 딸아이의 손을 잡고 근처 고등학교 교무실로 배달을 간 적이 있었는데, 음식을 내려놓고 돌아서는 내 등 뒤에서 나를 딱해하는 사람들의 소리를 들은 적도 있었다.

그런 게 뭐 대수인가. 이렇게 돈을 잘 버는데.

나는 주위의 시선들에 전혀 아랑곳하지 않았다. 아이를 돌봐가며 집안일에 가게 일까지, 나는 모든 일을 거침없이 척척 해냈다. 당시 내 나이 갓 서른이었다.

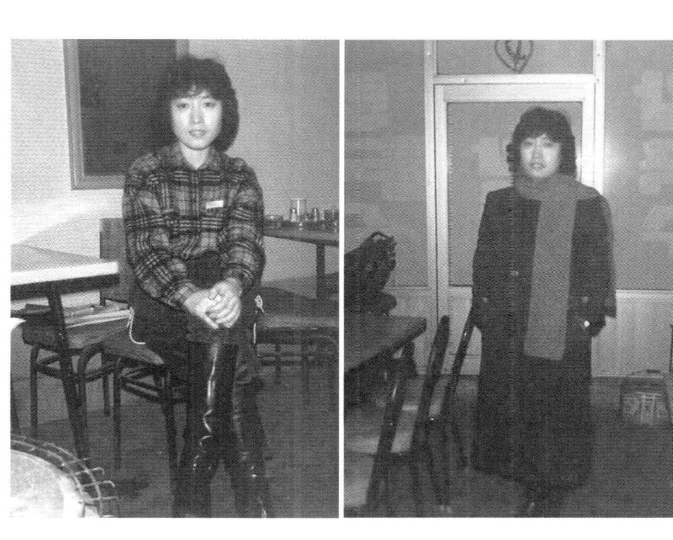

딸의 사고

그러다 전혀 원하지 않은 나쁜 운명의 신이 나를 찾아왔다.

가게를 오픈한 지 한 달 갓 넘었을 때이다. 나는 네 살 난 딸아이를 여동생에게 맡기고 장사 준비를 하고 있었다.

따르릉.

전화벨이 울렸다. 이상하게 불안한 기운이 든 나는 빨리 수화기를 들었다. 엄마였다.

"수진 어미야, 놀라지 마라. 수진이가 다쳤다. 많이 다쳤다. 지금 병원으로 빨리 오거라."

"뭐라구요? 왜 그랬는데?"

"주방에 와서 껑충껑충 뛰어놀다가…… 그만, 육수 솥에 주저앉았지 뭐니……!"

"네?"

수화기 넘어 엄마의 목소리는 타들어가다 못해 거의 실신 직전의 목소리였다. 나는 그대로 바닥에 주저앉았다.

몇 분 정도를 움직이지 못한 채 그대로 주저앉아 있었다. 그러고는 내 살을 꼬집고 머리카락을 움켜잡아 정신을 차린 뒤 간신히 밖으로 나와 택시를 잡아탔다.

내 딸은 병원 응급실 침대 위에 온몸을 붕대로 칭칭 감은 채 누워있었고, 그 주위를 의사와 간호사 몇몇이 둘러싸고 있었다.

그 옆에는 엄마가 웅크리고 앉아 반쯤 타들어간 입술로 울먹이고 계셨다.

나는 순간 정신이 혼미해지고, 다리에 힘이 풀려 그대로 쓰러졌다. 그러고는 거의 졸도 직전인 나를 보는 의사들을 향해 울부짖었다.

"내 딸 살려내요. 제발 내 딸 살려내요. 살려주세요."

엄마는 나를 부축해 담당 의사의 진료실로 데려갔다.

"따님은 살 수 있는 확률이 15퍼센트 정도입니다. 각

오를 단단히 하시고, 화상전문병원인 영등포한강성심병원으로 데리고 가십시오. 구급차를 불러놨으니 지금 바로 가세요."

의사는 담담한 표정으로 내게 말했다. 나는 여전히 혼이 반쯤 나간 상태로 울면서 대답했다.

"우리 아이 살 수 있겠죠? 우리 딸 병신 되도 좋으니 살 수는 있는 거죠?"

의사는 내 눈을 피했다.

영등포한강성심병원 응급실에 도착한 후, 나는 담당의를 찾아 뛰었다.

당시 꽤 유명했던 그 의사는 진료 중이었는데, 나는 진료를 기다리고 있던 다른 환자들에게 양해를 구한 후 의사를 응급실로 데리고 갔다.

의사는 깊은 2도 화상이라는 진단을 내렸다.

그 후 딸아이는 꼬박 한 달을 중환자실에서 보냈다.

옆에 늘 보호자가 대기하고 있어야 할 만큼 위험한 상황이었던 우리 아이를 하루하루 숨죽이며 간호했다. 혹시 열이라도 나면 위험해지기 때문에 수시로 열을 재야 했는데 자주 오르락내리락하던 열 때문에 한순간도 마음을 놓을 수가 없었다.

아이는 최선을 다해 치료를 받았다. 그 과정들은 네 살 난 딸아이가 견딜 수 있을 만한 그런 고통이 아니었다.

아이를 거꾸로 세운 채 물 섞인 소독약을 호수로 뿌려대며 익은 살을 긁어내는 치료가 있었다. 온몸은 피범벅이 되고, 그 살을 긁어내고 또 긁어내다 보면 아이는 자지러지다 못해 기절해버렸다. 치료 사이사이에 폐에 물이 차서 거꾸로 세워 물을 빼야 했던 적도 수십 번이었고, 열이 오른 후 잘 내리지 않아 밤새 노심초사 조바심 내기를 수차례 겪으며 수많은 고비를 넘겼다.

어린아이들의 대부분은 치료 과정을 견디지 못해 합병증을 얻어 사망한다고 한다. 그래서 치료를 받을 때에는 항상 보호자가 있어야 했었는데, 나는 몇 번은 함께했지만 도저히 버틸 수가 없었기에 엄마가 나 대신 치료실에 들어가셨다.

나는 안 다니던 교회에 가서 기도도 해보고, 빈 허공에 대고 내 딸 살려달라고 외치기도 했다. 그냥 무작정 울부짖었던 것 같다. 하루에도 수십 명씩 죽어나가는 중환자실에서 한 달을 보내는 동안, 나는 거의 제정신이 아니었다. 입술은 바짝 타들어갔고, 몸은 꼬챙이처럼 말라갔다. 그 지옥 같은 곳에서 내 어린 딸은 매일매일 죽음과 사투를 벌이고 있었다.

그렇게 한 달 반 정도가 지났을까. 마침내 아이는 위험한 고비를 모두 무사히 넘겼고 의사는 이제 퇴원해도 좋다고 말했다. 몸에 상처는 지닌 채였지만 죽지 않고 살아난 것에 나는 하늘에 감사했다.

딸이 퇴원한 지 며칠 만에 나는 가게를 다시 열었다.

계속 내야 하는 월임대료에, 우리 아이 병원비로 인해 살림이 더 어려워진 상황이라 그냥 집에만 있을 수가 없었다.

아직 몸의 상처가 다 아물지 않은 딸아이를 등에 업고 나는 다시 가게 일을 시작했다. 딸아이가 무사히 살아났다는 사실에 힘든 것도 모른 채 열심히 일했다.

자식이란 나에게 있어서 정말 질긴 끄나풀이다. 아이들이 없었다면 지금의 나도 없었을 테니까.

내가 그 힘든 순간순간에도 장사의 끈을 놓을 수 없었던 건 우리 딸 때문이다. 장사한답시고 우리 딸 몸에 깊은 상처만 만들고 그만둔다면 나에게 과연 무엇이 남겠는가.

너무 힘들어서, 견딜 수 없을 만큼 힘들어서 온몸이 진저리 쳐질 때마다 딸은 나에게 버팀목이 되었다. 힘들고 바쁜 생활 속에서도 난 우리 딸 몸의 상처를 한 순간도 잊어 본 적이 없다. 평생 딸아이에게 빚을 지고 사는 것 같은 마음이다.

참 억척스러웠던 나

열심히 가게를 운영해 나가던 중, 나는 둘째를 임신했다.

둘째는 첫째 때보다 입덧이 심한 탓에 온종일 주방에서 음식을 해내는 것이 너무나 힘들고 고통스러웠다.

음식을 만들다 입덧이 시작되면, 입안에 잔뜩 고인 음식을 물고 나가 화장실에 가서 토하기를 하루에도 수십 번씩 했고, 하루 종일 그렇게 힘들게 보내고 난 후 다음 날 아침이 되어 다시 출근을 하려면 정말 죽을 맛이었다.

'아, 너무 힘들다. 이제는 도저히 안 되겠어. 오늘 당장 가게를 내놔야지.'

매일 아침마다 떨어지지 않는 발걸음을 억지로 떼며 다짐했다.

그런데 막상 가게에 손님들이 몰려 장사가 잘되는 것을 보면 가게를 포기할 수가 없었다. 그리고 무엇보다 내 딸을 생각했다. 그 아이의 몸의 상처를…….

그래서 둘째는 태교를 전혀 하지 못했다. 늘 일에 쫓겨 몸과 마음이 힘들고 고달팠고, 장사하며 받는 스트레스에 신경은 늘 예민해져있었다.

단 몇 분도 쉬지 못하고 하루 종일 일을 하다 어느새 저녁이 되면, 내 부른 배가 뻐근해지면서 아래로 내려앉는 느낌이 들었다. 아이도 배 속에서 힘이 들었는지 달이 차가면서 배는 늘 쿡쿡거리며 불편했다. 아이를 낳기 2시간 전, 양수가 터져 흐르는 가운데에도 나는 장사 준비를 모두 해놓은 후에야 병원으로 갔다.

그렇게 임신 기간 내내 내 몸을 혹사했던 나는, 아이를 낳은 후 단 6일 만에 다시 가게로 나와 일을 했다. 산후조리는커녕 며칠 푹 쉬지도 못한 채였다.

첫째를 가졌을 때는 장사를 하지 않았던 때라 친정엄마가 산후 조리를 해주셨는데, 이제는 가게를 오랜 시간 남에게만 맡겨둘 수 없다는 생각에 무작정 나섰던 것이다. 다시 가게로 나간 나는 여전히 장사가 잘되는 것을 보고 힘든 줄도 모르고 일했다.

돌이켜보면, 나도 참 어지간한 사람이었다.

"애기 엄마, 산후풍이 얼마나 무서운데 그렇게 일을 해. 사람 하나 더 두고 몸조리해요. 안 그럼 나중에 엄청 고생해!"

주변에서는 몸이 부서져라 일하는 나를 말렸다. 가끔 오셔서 가게 일을 도와주시던 위층에 살던 주인아주머니도, "애기 엄마, 얼굴이 푸석푸석하다. 몸조리 못 해서 그런 거야. 나중에 큰 병 된다. 지금이라도 몸 좀 봐가면서 일해!"라며 나를 말렸다.

그때만 해도 젊어서 그랬을까? 나는 그런 조언들을 귀담아듣지 않고 그저 일만 했다. 돈 버는 재미에 빠져 내 몸이 망가지고 있는 것도 모른 채.

당시 내 삶은 오로지 일과 저축뿐이었다.

미용실도 머리 자르러 일 년에 한두 번 가는 게 다였고 외모를 치장하거나 여가를 즐기는 일에 돈을 쓰는 일은 거의 없었다. 가게에서 나오는 수입은 오로지 생활비와 아이들을 위해 쓰고, 그 외에는 모두 저축했다.

시간이 흘러 다섯 살이 된 딸아이는 놀이방을 그만

두고 근처 유치원에 입학했다. 워낙 똑똑하고 야무졌던 딸아이는 스스로 모든 것을 챙겼고 웬만한 글은 이미 다 떼었었다. 구구단도 금방 외워서 유치원에 들어갈 때에는 이미 한글과 구구단을 다 습득한 상태였다. 유치원에 다니면서 간간히 배운 무용이 좋았던지, 무용학원에 보내달라고 해 무용학원을 등록하고 미술에도 소질이 있는 것 같아 미술학원도 보냈다. 그러다 보니 딸아이에게 들어가는 비용이 만만치 않아졌고, 나는 더욱 긴장하며 장사를 했다. 다행히 가게가 꾸준히 잘 되어서 별문제 없이 뒷바라지를 할 수 있었다.

아들은 백일이 지나면서 자꾸 엄마를 찾고, 보채는 횟수가 많아졌다. 그러다 결국 도저히 아이를 데리고는 장사를 할 수가 없는 상황이 되어버렸다. 나는 고민 끝에 아이를 아예 뚝 떼어놔야겠다는 생각을 하게 됐고, 그때부터 남에게 아이를 봐달라고 맡기기 시작했다.

처음에는 가게 근처에 살고 있는 지인에게 아들을 맡겼다.

아침에 젖 먹여서 데려다 주고 점심 장사를 하고 나

서 좀 한가해지면 아이에게 가서 젖을 먹였다.

그렇게 몇 달을 지내던 어느 날, 이웃분이 급하게 가게로 뛰어 들어왔다.

"애기 엄마. 애기 봐주는 집 대문이 열려있어서 들여다봤는데 아무도 없는 집에 애기 혼자 울고 있더라고요. 얼른 가 봐요!"

"네?"

나는 혼비백산 그 집으로 뛰어갔다. 도착해보니 문이 열려있는 집에 우리 아들이 너무 울어서 끅끅거리며, 마루 한가운데 혼자 덩그러니 누워있는 것이었다.

놀란 나는 아이를 안고 일단 집으로 돌아왔다.

'대문도 열어놓은 집에 아이만 놔두고서 이럴 수가 있나!'

조금 있으니 아이를 봐주던 아주머니가 다급하게 나를 찾아왔다.

"아이고, 애기 엄마가 데려왔네! 아이가 잠들었기에 잠깐 깻잎 좀 팔러 나갔지."

나는 너무 기가 막혀 아무 말도 하지 못했다. 적지 않은 돈을 주며 아이를 잘 봐달라고 신신당부를 했는데,

그런 무책임한 행동을 하다니 정말 너무 화가 나 어찌 할 바를 몰랐다.

"애한테 무슨 일이라도 생겼으면 어떡할 뻔했어요? 말도 안 되는 소리 그만하고 당장 나가세요!"

일단 아이가 무사한 것에 안심했지만, 앞으로 어떻게 해야 할지 고민이 되었다.

'아이를 업고 장사를 하자니 너무 힘이 들고, 손님들 보기에도 민망스러울 것 같은데 어떻게 해야 하지? 다시는 남에게 아이를 맡기고 싶지는 않은데.'

고민을 하던 중 나는 집에서 쉬고 있다는 큰집 조카를 떠올렸다.

전화를 걸어 아이를 봐줄 수 있는지 부탁했고, 조카는 잠시 생각하는 듯하더니 흔쾌히 알았다고 했다.

큰집은 우리 집과 멀지 않은 거리였기 때문에 더욱 안심이 되었다.

워낙 아이들을 좋아하고 심성이 착했던 조카는 한동안 우리 아이를 친동생처럼 잘 돌봐주었다. 덕분에 큰 걱정 없이 일을 할 수 있었는데, 얼마 지나지 않아 조카에게 갑자기 사정이 생기는 바람에 우리 아이를 더 이상 봐 줄 수 없게 되고 말았다. 나는 또다시 걱정으로 마음이 분주해졌다. 가게는 이전보다 더 바빠져 도저히 내가 아이를 볼 수 있는 상황이 아니었으니.

한동안 고민을 하던 중 나는 집에서 살림을 하고 계시던 둘째 시누이를 떠올렸다.

'그래, 형님이라면 우리 아이를 잘 돌봐주실 거야.'

둘째 시누이는 아이들을 넷이나 키우고 있었던 데다 시부모님을 모시고 계시던 터라 우리 아이까지 들보기는 힘들 상황이었지만, 내 코가 석자이니 어쩌겠나. 그 어린 것을 놀이방에 보낼 수도 없고, 남에게는 더더구나 못 맡기겠고. 평소 우리아들을 꽤나 예뻐해 주셨으니 봐주실지도 모른다는 마음으르 나는 시누이를 무작정 찾아갔다.

"형님, 힘드시더라도 우리 애 놀이방 갈 때까지만 봐주세요."

나는 간곡히 부탁드렸고, 형님은 예상했던 대로 흔쾌히 알았다고 하셨다.

'휴, 또 한숨 덜었구나!'

나는 안도의 한숨을 내쉬었다.

"형님, 감사해요. 형님도 식구가 많아 힘드실 텐데…… 정말 감사하고 죄송해요."

"죄송하긴, 내가 도와야지. 자네가 돈 없는 내 동생 만나 이렇게 고생하며 사는데. 나라도 도와줘야지. 아이 걱정 말고 열심히 장사해서 꼭 성공해."

그날 나는 집에 다 오도록 내내 울었다. 날 붙잡고 막무가내로 우는 아이를 강제로 떼어놓고 돌아오는 내 심정은 말로 다 할 수 없었다.

사는 게 무엇이기에 이렇게 가슴 아픈 일들을 번번이 겪어야만 하는지.

우리 아들은 그렇게 여러 사람의 손을 거치며 어린 시절을 보냈다. 나는 어린 나이에도 내 동생들을 별 사고 없이 거뜬하게 돌보고 키웠는데, 정작 내 자식들은 그 누구에게도 마음 놓고 맡길 수가 없었으니, 힘들었던 그때를 생각하면 지금도 가슴이 아프다.

남들은 지금 번듯한 음식점을 운영하는 우리를 보면 다들 부러워한다. 그들은 지금 이렇게 성공하기까지 내가 얼마나 고되고 억척스러운 삶을 살아왔는지는 전혀 알지 못한다.

양수가 터지는 순간에도 장사 준비를 하던, 산후 조리는커녕 며칠 쉬지도 못 하고 바로 다시 가게로 나왔던 나. 오직 두 아이들을 바라보며 살아왔던, 그러면서도 정작 너무 바쁜 탓에 남의 손에 크게 해야 했던 가슴 찢어지는 순간들. 그런 시간들이 있었기에 지금에 이르렀다는 사실을 과연 그 누가 알까.

배달통을 들고

첫 가게에서부터 그 이후 몇 군데를 옮겨 다니는 동안, 가게는 늘 배달도 했었다. 배달원이 갑자기 그만둬 없을 때에는 내가 대신 배달을 다니곤 했는데, 가게에서 손님들을 맞는 것과는 달리 배달통을 들고 배달을 다니는 것은 또 다른 세계였다.

원당에서 가게를 운영하던 당시, 배달원이 갑자기 그만둬버리는 바람에 사람을 새로 구하기 전까지 내가 배달을 다니게 되었다. 당시 서빙을 하던 정림 엄마는 배달은 못 하겠단다. 어쨌든 배달통을 들고 배달을 다니던 그 무렵, 생각나는 일화가 있다.

가끔 가게에 질이 좋지 않은 무리들이 떼를 지어 오곤 했는데, 대부분 근처에서 개인 사무실을 갖고 일을 하는 사람들이었다. 동네에서 소문난 부자들이었던 그들은 그 거만한 기세가 하늘을 찔렀고, 누구든 그들을 건드렸다가는 큰 봉변을 당하기 일쑤였다.

그런데 그들이 우리 가게에 음식 배달을 시킨 것이었다.

배달원을 아직 구하지 못해 내가 가야 하는 상황이었는데, 난 그들이 있는 곳에 가기가 너무 무섭고 싫었다.

"손님, 죄송하지만 배달하는 사람이 그만두는 바람에 배달을 못해드립니다. 다음에 해드릴게요."

나는 두려운 마음에 배달을 거부했다. 그러자 주문을 하던 자는 대뜸, "야, 이 여편네야. 내가 너 배달 다니는 거를 봤는데, 배달을 못해준다고? 너 어디 장사하게 두나 보자. 당장 음식 안 갖고 오면 네 가게는 날아가는 줄 알아라!"라며 욕설을 퍼부었다.

나는 혼비백산 겁을 잔뜩 먹고는 음식을 담은 배달통을 들고 부동산으로 갔다. 그러고는 떨리는 손으로 음식을 내려놓고 사과를 했다.

"아까는 죄송했습니다."

그들은 낄낄거리며 나를 조롱했다. 그러더니, "가 봐

요, 아줌마. 음식값은 다음에 줄게."라는 거였다.

나는 음식 값이고 뭐고 문을 나서자마자 뛰어서 가게로 돌아왔다. 너무 놀라기도 했고, 겁이 나기도 해 당장이고 가게를 그만두고 싶다는 생각이 들었다. 그날 이후 한동안 심적으로 많이 힘들었다.

그 후에도 그들은 꽤 여러 번 음식을 주문했다. 당시 배달원은 왜 그리 안 구해지던지……. 너무 무서웠던 그 순간들을 생각하면 지금도 온몸에 소름이 돋는다.

그 후 또 다른 기억은 한동안 배달원도 없이 나 혼자 배달을 다닐 때이다. 원래 하던 가게의 건물주가 갑자기 가게 세를 올리는 바람에 서둘러 다른 곳을 알아보러 다녔던 나는 우리가 살던 아파트 근처 상가건물 지하식당가에 열 평 남짓한 가게를 계약했다. 처음 오픈하고 얼마간은 상가 건물 사람들이 찾아와줘서 그럭저럭 운영이 되었는데, 차츰 그 사람들이 뜸해지며 건물 밖으로 배달을 다니지 않으면 안 되는 상황이 되어버렸다.

새 가게를 오픈하고 두어 달 지났을까. 하루는 배달하던 아이가 한마디 말도 없이 안 나와 버렸다. 월급을

준 바로 다음 날이었다.

장사하면서 수도 없이 있었던 일인지라 그러려니 했지만, 당장 사람을 구할 수 없었기에 난 배달통을 들고 배달을 다니기 시작했다.

단 한 그릇이라도 놓칠세라 가게에 온 손님을 앉혀 놓고는 그 손님이 음식을 먹을 동안 난 배달을 다녀왔고, 손님이 없을 땐 옆집 가게에 배달 전화 좀 받아달라고 부탁하고 배달을 했다. 워낙 찾아오는 손님이 적어서 배달을 안 하면 도저히 가게 유지를 할 수 없기 때문에, 그 당시로는 배달에 의지하지 않을 수 없었다.

당시 우리가게 옆 건물 3, 4층에 개인 사무실이 몇 개 있어 가끔 배달을 가곤 했는데, 배달통에 음식을 담아 엘리베이터를 타고 올라 다니다 보면 여간 불편한 일이 아니었다.

음식 냄새 난다고 코를 막는 어린 여자들도 있었고, 노골적으로 얼굴을 찡그리는 나이 지긋한 남자들에, 아예 엘리베이터를 못 타게 문을 닫아버리는 사람들도 있었다.

그럴 때면 배달통을 들고 계단으로 걸어 올라갔는데,

다리가 아프고 팔이 후들거려서 정말 죽을 맛이었다.

'참자, 참자. 조금만 더 참자.'

배달을 마치고 가게로 돌아온 나는 터져 나오는 울음에 한참을 가슴을 쓸어내렸다. 그러고는 다시 음식을 만들었다.

지금껏 가게를 이끌어오면서 수없이 많은 어려움이 있었지만 배달통을 들고 이리저리 음식을 나르던 그 순간들은 정말이지, 잊고 싶은 기억들이다.

아파트로 처음 이사 가던 날

지금 살고 있는 집은 넓은 단지 내, 큰 평수의 아파트이다. 딸이 결혼한 뒤에는 남편과 나, 그리고 아들, 이렇게 셋이 지내고 있다.

20년 전, 30평 대 아파트로 처음 이사할 때에는 세상을 다 얻은 것처럼 기뻤었는데, 이제는 작은 앞마당이 있는 단독주택에서 살고 싶은 바람이 있다. 가끔 혼자 텅 빈 집 거실 소파에 앉아 있을 때면, 아파트로 처음 이사하던 순간이 떠오른다.

원당에서 가게를 하며 신도시 아파트에 청약한 것이 당첨이 되었다. 딸아이가 초등학교 4학년, 아들이 유치원 다닐 때였다.

2층의 방에는 짐만 놔두고, 1층 가게에 달린 작은 방 한 칸에서 몇 년을 살다가 드디어 아파트로 이사를 가게 된 것이다. 입주하려면 몇 년이 걸리지만 난 당장이라도 이사 갈 것처럼 마음이 들뜨고 흥분되었다. 난 친정엄마에게 전화를 해 이 소식을 알렸다.

"그렇게 열심히 살더니, 드디어 집을 장만했구나. 정말 잘했다."

친정에서 그 고생을 하고 시집을 갔는데, 그보다 더한 고생을 하는 딸이 안쓰러워 늘 마음고생을 하던 엄마는 그 누구보다 기뻐하셨다.

"이제 집도 장만했으니, 네 몸치장도 좀 하고 먹을 것도 잘 먹어가면서 살거라."

"그럴게, 엄마"라고 대답했지만, "앞으로가 더 문제인 걸 엄마는 모르시지."라며 나는 혼자 중얼거렸다.

당첨은 되었지만 아파트값을 3년 동안 부어나가야 했고, 아이들에게 돈이 여간 많이 들어가는 게 아니었기 때문에 기쁨도 잠시, 난 다시 걱정하기 시작했다.

당시 딸아이는 웬만한 집 아이들은 엄두도 못 낼 비싼 등록금의 서울 사립초등학교에, 아들은 지역에서 가장 선호하는 사립유치원에 다니고 있어 교육비가 상당히 많이 들어가는 상황이었다. 게다가 그 누구보다 자식 교육에 욕심이 많았던 나는 딸아이에게 이것저것 다양하게 가르쳤고, 뭐든 잘 따라주는 딸아이의 모습에 나는 더욱 욕심을 냈다.

어쨌든 나는 전보다 더 열심히 가게 일에 매진했다. 음식에 더 신경을 쓰고, 손님 한 분 한 분을 소중히 생각하며 온 정성을 다해 가게를 이끌어 나갔다. 다행히 점차 손님은 더 늘어나, 3년 동안 아파트 값을 무리 없이 부어나갈 수 있었다. 그리고 드디어 아파트 입주 날이 되었다.

32평 아파트는 마치 큰 대궐 같았다. 아이들은 신이 나서 이 방 저 방 뛰어다녔고, 남편도 꽤 좋았는지 연신 집안을 둘러봤다. 그렇지만 '그동안 수고했다'라는 말 한마디 하지 않았다. 나는 속으로 생각했다.

'내가 이 집을 마련하기 위해 얼마나 힘들었는데. 나를 데려다가 그 고생을 시켜놓고, 아마 그런 것도 못 깨닫고 있겠지.'

어쨌든 그날 나는 거의 뜬눈으로 밤을 새우다시피 한 것 같다.

한동안 온 신경이 새집으로 가있어 저녁에 가게 문을

닫자마자 집으로 달려가곤 했다. 이것저것 세간살이도 사들이고, 집들이도 여러 번하고, 며칠간을 정말 꿈처럼 보냈다.

지금은 넘쳐나는 아파트에 미분양되는 경우도 파다하다던데, 30년 전 그때를 생각하면 참 감회가 새롭다. 지하 주차장에 차를 대고 엘리베이터를 타고 집으로 올라가던 순간, 빛이 잘 들어오는 거실에 사람들을 초대해 집들이를 하던 순간, 각자 방이 생겼다며 신이 나 집 안 이곳저곳을 뛰어다니는 두 아이들까지. 그동안 너무나 힘겹게 살아왔던 나를 쓰다듬어 주는 큰 선물과 같은 시간들이었다.

30대 후반, 가장 힘들었던 시간

언젠가 딸이 내게 물었다.

"엄마, 가게 하면서 가장 힘들었던 적이 언제였어?"

"음……."

머릿속에 한 시기가 떠올랐다. 그동안 여러 일들이 있었고, 나는 그중 대부분을 내 성장의 한 과정으로 여기고 있지만, 굳이 떠올리고 싶지 않은 시절이 있다.

원당 가게에서 6년 정도 장사를 한 후, 갑자기 올라간 가게 임대료 때문에 갑작스럽게 다른 곳을 알아보게 되었던 나는, 당시 살고 있던 일산의 아파트 주변 상가 지하에서 다시 장사를 시작했다.

새 가게는 지하에 위치한지라 보증금과 임대료가 저렴해, 남은 돈으로 인테리어를 했다. 장사 시작하고 나서 처음으로 가게 인테리어에 꽤 많은 돈을 들였는데,

지상 층이 아닌 지하에서 장사가 어찌 될 줄 모르고 무작정 많은 돈을 들였던 것이었다.

내가 큰 실수를 했다는 것을 깨닫게 된 것은 가게 오픈 후 한 달도 채 안 되어서였다. 지하였지만 식당가였기에 장사가 어느 정도는 될 줄 알았고, 그동안 별 실수 없이 가게를 해왔던 터라 어디든 가게만 차리면 잘 될 거라는 자만심에 그만 신중하지 못했던 것이다. 임대료를 내기도 벅찬 수준이 되어 배달통을 들고 이리 뛰고 저리 뛰며 6개월 정도를 간신히 버티어 나가던 중, 우리가게에 간간히 식사하러 오던 한 손님이 하루는 일부러 나를 찾아왔다.

"옆집 빈 공터에 곧 상가건물이 들어설 건데, 그 인부들 밥을 해주는 건 어떻겠어요? 생각 있으시면 건물주를 소개해 줄게요."

나는 생각할 겨를도 없이 당장 하겠다고 했다.

그렇게 난 밥집 아줌마가 되었다. 그때 내 나이 30대 후반이었다.

그때부터 난 깜깜한 새벽에 별을 보고 나와서 10여 명 되는 인부들에게 이른 아침밥을 해주고 집에 들어가 식구들을 깨워 아침 챙겨주고 남편 출근, 아이들 등교를 시킨 후 다시 가게로 나와 장사 준비를 하면서 인부들 새참을 해줬다.

점심 장사를 하면서는 인부들 점심을 해주고, 점심 장사가 거의 끝날 무렵 또 새참, 그리고 저녁 장사를 하고는 퇴근했다.

나의 일과는 늘 바쁘고 고달팠다. 그렇게 해야 월 임대료를 내고, 아이들 학원비랑 교육비, 생활비 등을 충분히 다 해낼 수 있었다.

한번은 너무나 힘이 들어 친정 엄마를 찾아간 적이 있다.

당시 엄마도 그리 넉넉지 않은 생활을 하고 계셨지만, 그 지하에서는 도저히 더 이상 버틸 수가 없어 혹시나 하는 생각에 엄마를 찾은 것이다.

엄마에게 금전적으로 도움을 청한 건 처음이었다. 가게에는 엄마와 남동생이 함께 있었다.

"엄마, 미안한데 나 돈 좀 빌려줘요. 너무 힘들어서 도저히 못 버티겠어."

나는 눈물을 억지로 참으며 말했다. 엄마는 어쩔 줄

을 몰라 하셨다.

잠깐의 침묵이 흘렀다. 곧 옆에 앉아 있던 남동생이 입을 뗐다.

"누나, 누나 힘든 건 잘 알지만 우리도 그럴 만한 여유가 없네. 누나도 잘 알잖아. 미안해."

거절을 못한 채 주저하고 있는 엄마 대신, 남동생이 대답했다.

"어, 그래. 알겠어. 괜한 부탁해서 미안해."

나는 자리에서 일어나 밖으로 나왔다.

'맞아, 엄마가 여유가 있었으면 당연히 나를 도와주셨겠지. 난 왜 그 생각을 못하고 무작정 엄마를 찾아와서 마음 아프게 해드렸을까. 바보 같으니……'

집으로 돌아오는 버스 안, 서러움과 후회의 눈물이 마치 봇물 터지듯 내 볼을 타고 한없이 쏟아져 내렸다.

'도대체 내 인생은 왜 이런 걸까. 언제까지 이렇게 살아야만 하는 걸까?'

그동안 참아왔던 설움이 한꺼번에 쏟아져 나오는 듯했다. 울음이 멈추지 않아 돌아오는 길 내내 창문 쪽으로 얼굴을 돌렸다.

그 이후 엄마는 가끔 가게로 찾아오셨다. 그러고는 그 지하에서 혼자 아등바등거리고 있는 나를 보고 많이 마음 아파 하셨다.

"우리 살림이 조금만 더 나았더라면, 널 도와줄 수 있었을 텐데……. 너무 마음이 아프구나. 정말 가슴이 찢어진다."

어쨌든 시간은 흘러 지하에서의 장사도 어느덧 2년이 다 되었고, 난 계약 기간이 다 될 무렵 상가 주인에게 남은 보증금 돌려줄 것을 요구했다.

그사이에 인테리어에 들어간 돈이 아까워 얼마라도 챙기려고 가게를 부동산에 내놨었는데, 그 누구 하나 보러온 적이 없었다. 그런 장소를 나는 한 번 보고 덜컥 계약을 했으니 얼마나 바보 같은 짓을 했던 것인가. 그래서 그 고생을 2년이나 했으니. 인부들 밥을 해주며 임대료를 냈으니 망정이지 안 그랬으면 보증금 다 까먹고 빈털터리로 나올 뻔했다. 남은 보증금을 받은 나는 그 지긋지긋했던 가게를 빠져나왔다.

지금껏 가게를 하며 수많은 고생을 해왔지만, 정말이지 그때만큼 괴롭고 비참했던 순간은 없었던 것 같다.

엄마도 그 당시 이야기를 가끔 하셨다. 그때 찾아왔던 나를 그냥 돌려보낸 게 너무 속상했다고.

6장

/

황혼,
새로운 시작

취미 생활

내게 취미 생활은 엄두도 못 낼 사치였다. 어린 시절에는 쌀이 없어 여기저기 꾸러 다녀야 했고, 결혼 후에도 먹고살기 위해 이리 뛰고 저리 뛰는 고된 시간들을 보냈으니 무슨 엄두가 있었겠나.

그나마 유일하게 잠깐의 시간을 내어 찾았던 것은 붓글씨 쓰기였다. 결혼 전 엄마를 도와 가게 일을 하던 때 잠깐씩 시간을 내어 배우러 다녔고, 대회에서 입선도 몇 번 했다.

큰 집도 장만하고, 아이들 뒷바라지도 별문제 없이 해줄 수 있을 만큼 가게가 자리를 잡은 후에야 비로소 나는 내 자신을 돌아볼 여유를 가졌다. 나는 아주 조금씩 나를 신경 쓰기 시작했다.

어금니가 빠진 지 오래되어 다른 이가 자리를 잡지

못하고 삐뚤어지려 할 찰나에 이를 해 넣었다. 미용실에 가서 펌도 하고 백화점에 가 옷도 사 입었다. 온전히 나만을 위해 꽤 많은 돈을 쓴 것이다.

평소 그런 돈은 써 본 적이 없었던 나는 가슴이 쿵쾅거렸다.

떨리는 마음을 가다듬고 나는 문화센터를 찾아 노래교실도 등록했다.

평소 좋아했던 팝송 부르기인데, 가르치는 강사가 워낙 신나고 재미있어 늘 그 시간이 돌아오기를 기다렸다.

하루는 친구들이 가게로 찾아와 내 모습을 보고는 놀라며, "너 머리 했구나! 네가 웬일이니?"라며 좋아했다.

한 친구는, "이제야 네가 세상 밖으로 나왔구나. 정말 잘했다. 이제 멋도 좀 내고, 너를 위해 투자해가며 살아. 인생 뭐 있니!"라며 웃었다.

"그래, 그러려고!"

그때부터 나는 친구들의 정기 모임에도 참석하기 시작했다.

그 애들과는 지금까지 매달 만나오고 있다.

후에 가게가 완전히 자리 잡은 후부터는 운동도 하고 영어학원도 등록했다. 영어는 학교 다닐 때 내가 가장 못했고 싫어했던 과목인데, 해외여행을 다니기 위해 배우기 시작했다. 나이 들어서 하는 공부라 그런지 어렵고 배우는 속도가 좀 느리긴 했지만 재미는 있었다.

또 산악회에도 가입해 한 달에 한 번씩 산에도 다녔고, 그곳에서 만난 친구, 언니들과 가까워져 평소에도 자주 만나며 매우 가깝게 지내고 있다.

그렇게 취미 생활을 간간히 하다 보니 이제는 하루하루가 즐겁고 행복해졌다.

'이게 사람 사는 거구나.'

나는 예전과는 전혀 다른 삶을 찾아 살게 되었다.

그때가 내 나이 40대 후반, 지금으로부터 십 년 전이었던 그 당시가 내 생애 가장 행복했던 순간이 아니었나 싶다.

요즘에는 골프를 치고 있다. 처음 골프를 시작한 이유는 골프에 빠져 사는 남편에 대한 오기였다.

'너는 그러고 사는데, 나라고 맨날 아끼고만 살면 뭐

하겠냐.'

내가 골프를 치겠다고 하니, 이것저것 앞뒤 생각 안 하는 남편은 당장 골프채를 사왔다. 그렇게 시작한 골프에 나도 한동안 빠져 시간 날 때마다 열심히 연습장을 다녔고, 실력이 는 뒤에는 필드도 다니기 시작했다.

오직 나만을 위해 쓸 수 있는 시간과 돈. 갖은 고생을 다하며 살다 내 인생 50이 다 되어서야 허락된 여유이지만, 지금까지의 삶에 대한 노력이 헛되지 않은 것 같아 매 순간을 소중히 생각하고 있다.

고된 삶에 병든 내 몸

오랜만에 새벽에 눈을 떴다. 한동안 2~3시간밖에 잠을 자지 못해 고생을 하다가, 도저히 안 되겠다 싶어 요즘에는 매일같이 운동을 하고 들어온다.

저녁 늦게까지 골프와 요가, 실내 자전거 등을 하고 들어와 잠이 들면 아침까지 거의 6시간은 잘 수 있었는데 오늘은 새벽녘에 눈이 떠졌다.

거실에 나와 우두커니 앉아 있다가 문득 혈당 수치를 재어봤다.

정상이라면 100 미만이 되어야 하는데, 나는 당뇨병을 앓고 있어 자주 140 이상이 나오곤 했다.

그런데 오늘 새벽에는 웬일인지 121이라는, 상대적으로 낮은 숫자가 나왔다. 혈당 수치가 조금씩 정상 범위로 내려가고 있는 건가.

나는 당뇨와 고지혈증, 그리고 갑상선, 이 세 가지 성인병 약을 먹는다. 당뇨는 가족력으로, 아버지와 고모 두 분이 모두 당뇨를 앓으셨다. 매일 몇 가지의 약을 복용하다 보니 면역력이 약해져 일 년 열두 달 감기를 달고 살다시피 하고, 엄마가 돌아가신 뒤에는 우울증까지 와 한동안 몸과 마음이 매우 힘들어 수면제 없이는 잠을 이루지 못했다. 특히 당뇨는 어디가 많이 아프고 괴로운 것은 아닌데, 늘 피곤해서 매사에 의욕이 없어지고 집에 있으면 눕고만 싶어진다.

그래서 나는 매일 아침 외출 준비를 해 집 밖으로 나온다.

나는 늘 세 가지 약을 가방에 넣고 다니며 챙겨 먹는데, 어떨 때에는 갑자기 알 수 없는 기분에 사로잡힌다. 단 하루도 마음 편히 살아 본 적 없었던 내 젊은 시절. 그때가 있었기에 나이 든 지금 조금이나마 편안한 삶을 살고는 있지만, 어찌 보면 그 건강하던 시절에 내 몸을 혹사시키며 억척스럽게 살아온 탓에 내 몸이 다 망가진 것 같아 서러운 마음이 들기도 한다.

내 피와 살덩어리,
소중한 나의 분신들

"엄마, 나 직장 생활에 한계를 느껴요. 너무 미흡해."

회사에서 막 퇴근해온 딸아이가 겉옷을 벗어서 소파에 내팽개치듯 던지며 한마디 했다.

"나 회사 그만둘까 봐."

난 순간 가슴이 철렁했다.

"무슨 말이니? 왜 그러는데, 회사에서 무슨 문제 있니?"

"아니, 그게 아니고 마음에 차지가 않아서 그래, 나 자신이. 하는 일도 그렇고."

"무슨 소리인지 알아듣게 찬찬히 이야기해봐."

딸아이는 잠시 생각하는 듯하더니, 이내 입을 열었다.

"엄마, 내가 요즘 줄곧 생각한 건데, 아무래도 공부를 좀 더 해야 할 것 같아. 여기서 말고 밖으로 나가서. 내가 하는 일이 내 전공과 비슷하긴 하지만 미래를 보장 받을 수 있는 일은 아닌 것 같아. 물론 내 욕심이겠지만."

어려서부터 모든 면에 다재다능했던 딸은 예고를 가려다, 그냥 공부를 중점으로 하고 예능은 취미로 하는 게 나을 것 같다며 인문계 고등학교를 택했었다.

열심히 공부만 하는가 했더니, 가장 중요할 고3 때 다시 무용을 하겠다면서 공부와 무용을 번갈아 하여, 힘든 수험생 시절을 보냈었다.

서울 명문대에 장학금을 받고 입학한 딸은, 대학 생활을 잘 마치고 졸업하자마자 직장 생활을 시작했다. 그 후 2년 정도를 아무 불평 없이 잘 다녔다. 하지만 며칠 전부터 낌새가 좀 이상하다 싶더니만 그 이유를 지금에서야 알게 된 것이다.

"공부를 더 해야 한다면 어쩔 수 없지. 우리 딸내미가 섣부르게 결정할 사람도 아니고. 근데 어디로 가려고?"

나는 머리로는 벌써 돈 계산을 하며 딸에게 약간 퉁

명스레 물었다.

"응 미국이 좋을 것 같아, 뉴욕 쪽에. 근데 엄마, 나 보내줄 수 있겠어?"

딸은 내 눈치를 살피며 살며시 물었다.

"어쩔 수 없지 공부하겠다는데. 기간은 얼마나 걸릴 것 같아?"

"내가 가고 싶은 뉴욕대는 석사과정이 1년이니까, 1년 만에 논문을 못쓴다 해도 길어야 2년이겠지."

"돈은 얼마나 드는데?"

속으로는 그냥 '다니던 직장이나 좀 더 다니다가 좋은 짝 만나서 시집이나 갈 것이지.' 하고 생각하면서 다시 물었다. "그곳에서도 공부 잘하면 장학금 주지 않니?"

그해 가을에 딸은 미국으로 떠났다.

영어는 어려서부터 늘 배워왔고, 대학 시절 미국 연수도 일 년 다녀온 적이 있어서 언어 소통이나 교육에 대한 걱정은 덜 되었지만 먼 타국에서 혹시 건강이나 해치지 않을까 걱정이 되었다.

그러나 유난히 총명하고 대담한 기질이 있는 아이인

지라, 마음을 편히 갖기로 마음먹고 학비 대어줄 걱정만 했다.

'적금을 깨야할까 봐…….'

미국으로 떠난 지 보름쯤 되었을 땐가, 딸에게서 전화가 왔다. 난 너무 반가웠다.

"엄마, 나 며칠 동안은 교수 강의를 못 알아들어서 정말 도로 한국으로 가고 싶었다우. 이젠 간신히 적응이 되어가고 있어. 집은 별일 없죠?"

딸의 밝은 목소리에 난 안심을 했다.

"그래, 잘 지내고 있지? 전화해도 안 되고 해서 엄마 똥줄이 다 탔지 뭐니. 왜 그렇게 연락을 못한 거야?"

"응, 엄마 목소리 들으면 다시 돌아가고 싶어질까 봐 꾹 참았어. 나 그동안 강의도 힘들게 따라가고, 여기 아이들도 너무 쌀쌀맞아서 죽는 줄 알았거든. 외롭고 슬퍼서 혼났어, 엄마. 근데 이젠 좋아졌어. 친구들도 사귀었고."

순간 그동안 힘들었을 딸을 생각하니 마음이 아팠다.

"그래, 너무 잘됐다. 이젠 아무 걱정 하지 말고 공부만 열심히 해, 알았지? 먹을 거 잘 챙겨먹고"

"응. 엄마, 아빠랑 상우한테도 안부 전해줘요. 상우는 운동 잘 하고 있는 거야? 언제 시험이래?"

"내년 봄인데 열심히 하질 않아서 걱정이란다. 적성이 전혀 아닌 걸 괜히 여직 가르쳤나 봐. 돈만 있는 대로 들어가고……. 나도 모르겠다. 어쨌든 진아, 건강 잘 챙기고 몸 조심해!"

내년 봄, 아들의 골프 프로 테스트를 앞두고 난 벌써부터 반신반의한다.

1년 만에 석사를 마치고 온 딸아이는, 직장을 다시 다니고 있다. 국내에서 박사과정에 진학해 공부와 일을 병행하며 열심히 살던 중, 반듯하고 성실한 청년을 만나 결혼도 했다.

회사에 다니고 있는 우리 사위는 흠잡을 곳이 없을 정도로 반듯하고 좋은 성품을 지닌 데다, 훤칠하고 인물도 출중해서 보는 사람마다 한마디씩 칭찬한다.

"사위 참 잘 보셨네요."

그럴 때마다 난 참 뿌듯하다. 무엇보다 사위를 바르게 잘 키워주신 사돈께 감사하는 마음이다.

4년 전쯤인가. 딸이 당시 연애하고 있던 사위와 결혼을 하고 싶다고 했을 때, 문득 내 머리에 떠오른 것은 다름 아닌 딸의 몸에 난 상처였다. 딸은 네 살 때 사고를 당한 후 한참을 병원에 입원한 채로 화상 치료를 받았고, 그 후 회복되어 퇴원을 했지만 여전히 그 자국은 몸에 지닌 채 자랐다. 그러다 중학교 3학년 되던 해 겨울 방학, 피부조직을 늘려주기 위한 성형수술을 받았다. 오그라 붙은 피부조직 때문에 올바른 체형 성장이 방해될 수 있다는 의사의 진단 때문이었다. 딸아이가 수술실에 들어간 후, 나는 같이 간 엄마와 함께 병원 대기실에서 딸을 기다렸다. 피부조직을 잘라내고 60여 바늘이나 꿰매야 하는 큰 수술이었기에 딸은 3시간이 훌쩍 넘어서야 수술실을 나올 수 있었다.

"엄마……."

딸은 내 얼굴을 보자마자 울음을 터뜨렸다. 얼굴은 이미 퉁퉁 부어있었다. 3시간의 수술이었지만, 전신마취가 아닌 부분마취를 해야 했던 터라 수술하는 내내 딸은 눈을 뜬 채로 수술을 견뎌야 했던 것이다.

"진아, 고생 많았지……?"

딸을 보고 있자니, 예전 딸아이가 사고 났을 당시의 기억이 되살아나는 듯했다. 그때의 기억과 지금의 상황이 겹치며 머리가 핑 돌고 가슴이 찢어질 듯이 아팠다.

"아이고, 얘야. 얼마나 힘들었느냐…… 가엾은 것."

곁에 있던 엄마도 눈물을 글썽이며 말끝을 흐리셨다.

얼마간의 회복 기간이 지난 후, 딸아이는 다시 일상으로 돌아가 밝고 건강하게 자랐다. 아직 남아있는 상처를 가끔 볼 때마다 머리 뒤쪽이 조이는 듯한 느낌을 받고는 했지만, 시간이 지날수록 잊고 지내왔었다. 그러던 중, 결혼하겠다는 딸아이의 말을 듣자, 문득 그 생각이 난 것이다.

"그 친구가 네 몸의 흉터는 알고 있니?"

나는 대뜸 딸에게 물었다. 딸은 "응, 엄마. 말했어."라고 대답했다.

"그런데 뭐래?" 내가 다시 묻자 딸은, "그게 뭐 대수냐고 하던데."라며 웃었다.

어쨌든 그 후 얼마 지나지 않아 딸은 사위와 결혼을 했고, 우리 가족은 새 식구를 맞이하게 되었다. 우리 아들도 매형을 좋아하고 잘 따르며, 여러 가지 인생 조언을 구하는 눈치이다.

아들은 아직 대학생이라 진로에 대해 그리 심각한 걱정은 않지만, 장남이라 늘 책임감은 느끼고 있는 듯하다. 요즘은 방학이라 가게에 나가 곧잘 일손을 돕기도 한다. 아직 매사에 서툴지만, 그래도 이것저것 하려고 하는 몸짓이 믿음직하고 대견스럽다.

소중한 나의 자식들.

살아가며 어렵고 힘들 때마다 나를 다시 일으켜 세워 주곤 했던 나의 버팀목. 이 세상을 다 준다한들 그 가치가 내 자식들만 할까.

세상 그 무엇과도 바꿀 수 없는 나의 소중한 피와 살덩어리. 사랑하는 나의 분신들.

내 목숨 다할 때까지 그 애들을 응원하고 또 응원한다.

일상

어제는 엄마의 생신인 칠월 칠석이었다. 돌아가신 후 맞은 첫 생신이다.

올케가 제사 음식 몇 가지를 준비해, 우리는 함께 산소를 찾았다. 돗자리를 깔고, 제사 음식을 올린 뒤 절을 하며 나는 마음속으로 물었다.

'엄마, 그 세상은 어떠슈, 살 만해요? 여기는 아직도 그냥 그런데……. 사는 게 별로 재미없네.'

산소를 찾을 때마다 엄마 살아생전 효도를 더 하지 못한 것에 안타까운 마음이 든다. 내 삶이 힘들고 고된 터라, 엄마를 좋은 곳에 모시고 가거나 함께 많은 시간을 보내드리지 못했던 것이 지금 와서 너무 후회스럽다.

부모는 기다려주지 않는다더니, 생전 사실 줄 알고

방심하는 사이에 엄마는 다시 올 수 없는 먼 곳으로 떠나가셨다. 자식들 가슴에 먹먹함을 남기고서…….

요즘 나는 갱년기를 앓고 있다. 그래도 일과는 늘 비슷하다. 점심시간에 맞춰 가게에 나가든지, 아니면 그냥 골프 연습장으로 가서 오후 내내 그곳에서 시간을 보낸다. 저녁이 되면 집 근처 피트니스 센터에 가서 실내 자전거와 요가를 한 후 밤이 되어서야 집으로 들아온다. 늘 밖에서 시간을 보내다 보니 집안 살림도 빨래나 청소만 대충 하는 정도고, 음식도 간단한 몇 가지만 해 놓는다. 집에 있는 시간이 길어질수록, 점점 우울한 기분이 드는 터라 무작정 집 밖으로 나간다.

날씨가 좋을 때면 종종 호수공원에 가 공원 한 바퀴를 혼자 걷기도 한다.

호수공원을 한 바퀴 돌면 1시간 정도가 걸리는데, 공원 내의 꽃이며 나무들, 넓게 펼쳐진 호수, 그리고 공원 밖의 도심 건물들까지 참 마음에 드는 곳이다. 처음 만들어졌을 때는 그야말로 허허벌판에 커다란 오아시스 하나가 덩그마니 있는 듯 엉성하기만 한 공원이었지만, 세월이 지나면서 심어놓은 나무들이 자라고 주위에 여러 가지 조경이 형성되면서 이젠 정말 아름답고 웅장하기도 한 고양시 유일의 보물이 되었다. 난 그곳을 걸으며 활력을 찾는다.

7장

넋두리

여자로 태어나 너무 많은 아픔과 고통을 겪고 평생을 살았던 엄마는 이제 떠나셨고, 나는 아직도 이 험한 세상에 남겨져있다. 그리고 이제 내 나이 57세.

살아온 날보다 앞으로 살아갈 날이 더 적게 남은 지금, 부모로서 자식들에게 무엇을 남기고 떠나야 할까 고민하다가 내 지난 삶의 이야기를 모두 풀어 놓게 되었다.

이 세상을 살면서 겪어야 하는 모든 삶의 고통과 어려움, 그리고 그것을 이겨내야만 하는 현실 앞에서 나의 소중한 자식들에게 엄마의 삶을 들려주고 싶었다. 우리 아이들이 이 삶 속에서 견뎌내야 할 온갖 고난과 시련들을 보다 슬기롭게 이겨내고 헤쳐 나가도록, 소중한 길잡이가 되어주기를 바라는 마음이서다.

사람이 태어나 한평생을 살아가면서 얼마나 많은 우여곡절을 겪어야 하는지를.

아이들은 아직 모른다. 나 역시도 어렸을 적에는 내가 이 고생을 하며 평생을 살아가게 될 줄은 짐작조차 못했으니…….

아버지에게 생활비를 타러 갈 때면 두려움에 늘 두근거리던 가슴.

엄마가 장사하러 5일장 쫓아다닐 때, 밤이 무서워 어린 우리 셋이 꼭 끌어안고 자곤 했던 그 길고 길었던 밤 들.

늘 우릴 괴롭혔던 동네의 못된 사내 녀석들은 지금 무얼 하고 있을지. 그땐 그랬어도 어른이 되어서는 다들 착하고 바르게 잘 살겠지.

얼마 전에 맞은 엄마의 첫 기일.

당신에게 주어진 삶의 일분일초를 정말 열심히도 살다 가신 엄마, 그 최선을 다하시던 모습을 나는 배웠다. 그렇기에 어려웠던 매 순간순간을 잘 견뎌 낼 수 있었고, 끝내 성공을 이뤄낼 수 있었다.

한때는 나를 왜 낳아서 그 고생을 시켰냐고 마음속

으로 부모를 원망한 적도 있었지만,

지금은 전혀 아니다.

지금은 감사한다.

편안하고 행복하게만 살아가는 사람들의 인생을 나는 잘 모르지만, 짐작건대 좀 심심하지 않았을까……?

비록 내 몸은 몇 가지의 병으로 간간히 고통 받고 있지만 지난 삶에 후회는 없다. 후회가 있다면 아버지 돌아 가시기 전에 좀 잘해드리지 못한 것, 가시기 전 용서해 드리지 못한 것이다. 그리고 엄마에게 좀 더 효도하지 못한 것, 그것이 정말, 몹시 후회된다.

이 글을 쓰며 난 많은 생각을 해보았다.

나를 아는 사람들은 '아! 그랬었구나.' 하며 공감할 수 있겠지만, 나를 모르는 사람들이 혹시 이 글을 읽었을 때 '무슨 글이 이래?'라며 '너무 단순하고 별거 아닌 내용을 자서전이라고 쓴 거 아냐?'라고 반문할 수도 있을 것이다.

그러나 난 이 글을 많은 사람들에게 읽히고 싶다.

엄마와 나의 진솔한 삶을 솔직하게 적어내려간 것이기에 나는 많은 사람들이 이 글을 보아주길 원한다.

서두에 남편 이야기를 써내려 가다, 난 다시 생각을 고쳐서 남편 이야기는 쓰지 않기로 마음먹었다.

전혀 다른 환경에서 자란 두 남녀가, 어쩌다 인연이 닿게 되어 결혼으로 맺어져서 한평생 희로애락을 겪으며 지금 이 순간까지 함께해 왔다.

결혼 생활이 늘 편안하지 않았던 건 물론, 경제적인 문제로 인한 어려움도 많았지만 그저 서로의 가치관이 너무도 달랐기 때문이라고 생각한다.

그래서 우린 그동안 정말 많이도 싸웠다.

그러나 서로의 머리카락이 파뿌리가 되어가고 있는 지금, 난 남편과의 싸움을 더 이상은 원하지 않는다. 이제는 그냥 편안하고 평온하게, 잘 지내고 싶다.

자칫 두 사람이 소원해질 수 있는 상황을 난 만들고 싶지 않다.

어차피 우린 이대로 영원히 가야 하니까.

그럴 수밖에 없으니까.

이 글을 쓰던 중, 딸아이에게 이런 말을 한 적이 있다.

"진아. 엄마 글, 별거 아니더라도 방송 좀 탔으면 좋겠다. 드라마로 만들어질 수는 없겠지? 그래야 드라마를 본 사람들이 엄마 편이 되어서 함께 눈물 흘려주고 박수 쳐주고 그럴 것 같은데. 돌아가신 할머니도 저세상에서 기뻐하시겠지."

딸아이는 빙그레 웃으며, "그러게, 엄가. 그런 행운이 올 수 있을까? 그런데 엄마, 드라마로 제작되려면 우선 대본을 써야 할걸? 보통 일 아닐 텐데."라고 대답했다.

"아, 그렇지? 어렵겠네. 하지만 난 쓸 수도 있을 것 같은데? 내가 뭔들 못 하겠니!"

"그렇게만 되면 얼마나 좋을까!"

우린 마주 보고 웃었다.

"뜻이 있는 곳에 길은 있다니까, 포기는 말아야지!"

올해도 이제 한 달 남짓 남은, 어느새 11월 중순이 다 되어간다.

오십이 넘으면 세월 가는 속도가 로켓 같다더니, 요즘 들어 더욱더 실감이 난다.

세월 한번 진짜 빠르다.

거리는 벌써 성탄 음악이 흐르고, 날씨 또한 한겨울이 된 듯 차가워져 두터운 겨울 점퍼를 입은 사람들이 간혹 보인다.

나도 두꺼운 겨울 스웨터를 꺼내어 입고 장을 보러 마트에 갔다.

오늘 저녁은 쌀뜨물 받아서 오랜만에 콩나물 김칫국이나 끓여볼까.